6S
管理现场实战全解

姜明忠 编著

（全彩版）

机械工业出版社

本书以企业现场实战为导向，详细阐述了如何在企业中营造 6S 管理活动的环境、顺利推行 6S 管理活动，解决在 6S 管理活动推进过程中出现的各种各样的问题，形成制度化、规范化、常态化、习惯化的 6S 管理模式，从而为企业不断发展壮大奠定坚实的管理基础。

本书用来自于企业一线现场的大量真实案例、具体地阐述了 6S 管理活动的实施方法、推进工具及原理，并配以丰富的图表工具和现场照片。同时根据大量的企业推进参考事例，深入分析当前中国推行 6S 的现状，并阐述处理问题的方法步骤，有章可循，有据可依，方便实用；通过邮箱联系可提供大量现场实例照片和推进过程中运用的标准、制度、表单，购买本书的读者可拿来即用，是一本不可多得的 6S 管理实战指导工具书。

本书适合生产性企业的班组长、工段长、车间主任、主管生产的副总、6S 推进办成员等 6S 推进过程中实际参与推进的人员使用。

图书在版编目（CIP）数据

6S 管理现场实战全解/姜明忠编著 . —北京：机械工业出版社，2015.8
（2022.9 重印）

ISBN 978-7-111-50924-0

Ⅰ.①6… Ⅱ.①姜… Ⅲ.①企业管理—管理模式 Ⅳ.①F270

中国版本图书馆 CIP 数据核字（2015）第 168318 号

机械工业出版社（北京市百万庄大街 22 号 邮政编码 100037）
策划编辑：李万宇 责任编辑：李万宇
版式设计：霍永明 责任校对：张 征
封面设计：鞠 杨 责任印制：李 昂
北京中科印刷有限公司印刷
2022 年 9 月第 1 版第 9 次印刷
169mm×239mm·11.5 印张·1 插页·213 千字
标准书号：ISBN 978-7-111-50924-0
定价：58.00 元

凡购本书，如有缺页、倒页、脱页，由本社发行部调换

电话服务	网络服务
服务咨询热线：010-88361066	机 工 官 网：www.cmpbook.com
读者购书热线：010-68326294	机 工 官 博：weibo.com/cmp1952
010-88379203	金 书 网：www.golden-book.com
策 划 编 辑：010-88379732	教育服务网：www.cmpedu.com
封面无防伪标均为盗版	

前 言
PREFACE

  由于经常要进行6S管理的培训和咨询工作,到过国内很多企业进行现场调研、诊断、培训和咨询,看到一些已经推进6S管理数年的企业现场非常干净、整洁,工厂内外6S推进的标语、口号到处张贴,似乎人人皆知,负责陪同我们进行现场调研、诊断的工作人员,满嘴的6S术语,看样子,6S工作已深入人心,但真正深入企业的实际现场查看时,我们却发现在这些干净整洁的背后,隐藏着不少没有暴露的问题。

  中国的企业受日资、韩资及欧美企业的影响,从沿海地区逐步到内地,开始实施6S管理已经很多年了,但大多数企业仍然停留在一个较低层次的推进阶段。大部分企业的6S管理仅仅停留在喊喊宣传口号,挂几幅标语,做做清洁、整理物品、画些定置线,再搞几张光亮的看板这个层次上,没有充分认识到6S管理实施的真正目的和作用,仅仅是在做表面文章,尚不知推进6S管理必须深入到成本、质量、效率、安全、士气这个层次。企业在表面光彩照人的背后,却存在着巨大的浪费。这种6S管理只是一种增加成本的6S管理,它不仅会给企业带来沉重的负担,更会给企业的员工带来消极的影响。员工们痛恨这种花大钱做面子,不讲究实效的、带有官僚主义作风色彩的6S管理。

  有这样一组数据资料,在2001年11月,日本东京经济委员会对东京地区所有成功推行了5S(6S)管理的企业进行了一次细致的调查分析,调查的结论是:员工的劳动量平均下降了35%,劳动强度平均减轻了61%,机器故障平均减少了86%,而企业效益平均增加了17%。请注意,所统计的企业都是成功推行了5S(6S)管理的企业。透过这组数据,我们可以体味一下一个企业推进5S(6S)应有的本意。

  我们不能搞形式上的6S管理,应该把它切实融入到日常管理中去,形成一种企业文化,从而提高企业的市场竞争力。

  不懈地开展6S管理工作,推行的是一种理念,强化的是一种态度,追求的是实际效果，绝不能把推行6S管理当成走过场，上有政策下有对策地应付，导致6S变成只是搞卫生、大扫除、画线一样，走入形式主义的误区。

我们希望看到的6S管理就像一个穿着时尚外衣的身体强壮的男子，我们不仅要看到他时尚的外衣，更要看到他强健的体魄，6S不仅给企业带来阳光的外表，更是企业业绩强有力的支撑，身体是革命的本钱呀！

本书的读者对象主要是已经开展了6S管理的企业和个人，是已经深陷6S"泥潭"而不能自拔的6S管理推进者们，当然，对那些刚刚起步开始实行和准备实行6S管理的企业，本书也是他们少走弯路的指南。考虑到新进入6S管理大门的企业，本书运用了大量的企业推进6S管理的实景图例，同时，也对6S管理的基础理论和推进工具的运用进行了一定的描述。

本书的观点是笔者在多年亲历的6S管理推进过程中阶段性的经验总结。"没有最好，只有更好"是6S现场改善的精髓，这也是笔者想通过本书告知6S管理推进者的一句良言。随着时间的推移和6S管理方法深入持久地开展，我们定会对6S管理有更为深刻的认识，那时，我们又会有新阶段的经验总结，到时，也再次奉献给大家。

在网络上提供有大量的现场6S改善实例照片，这些照片90%是笔者亲临企业现场做改善指导的记录，它们或许不是最优秀的现场记录，但都是企业在推进6S管理过程中改善的一个阶段的反映，对我们每一个企业的6S管理活动推进都有或多或少的指导意义，同时，还提供一些在推进6S管理过程中要运用到的标准、制度、表单供大家下载参考，从而减少推进难度，加快推进速度，提高推进质量。

姜明忠

目 录
CONTENTS

前言

第一章
重新认识 6S /1

1.1 再看我们的现场 /1
- 1.1.1 观察是推进 6S 管理的第一步 /1
- 1.1.2 没有实施 6S 管理的现场 /2
- 1.1.3 实施了 6S 管理的现场 /5

1.2 改善陷入误区的 6S 现场 /8
- 1.2.1 陷入误区的 6S 现场 /8
- 1.2.2 用精益生产的目光审视 6S 的行为 /10
- 1.2.3 推进 6S 管理的目的究竟是什么？/11
- 1.2.4 增加 6S 管理实施的深度 /14

1.3 6S 管理在现场管理工作中的地位 /14
- 1.3.1 6S 管理是一种基础管理方法 /14
- 1.3.2 摆正推进 6S 管理的心态 /16
- 1.3.3 从日本品质的崛起来看 6S 管理的效能 /17

第二章
6S 推进中的意识障碍 /19

2.1 清扫现场之前，先清洗大脑！/19
- 2.1.1 6S 活动推进过程中领导重视不够 /20
- 2.1.2 员工和基层管理干部有抵触情绪 /22
- 2.1.3 多方面深入开展 6S 的教育培训工作 /26

2.2 6S 管理是全员参与的活动 /29
- 2.2.1 6S 管理是全员参与的现场管理工作 /29
- 2.2.2 办公室人员支持现场的改善 /29
- 2.2.3 搞运动，缺乏坚持 /30
- 2.2.4 自己动手 /30

2.3 处罚不是解决问题的好办法 /31
- 2.3.1 发现问题是为了改善 /31
- 2.3.2 处罚强度与工作积极性的关系 /32

2.4 脚踏 6S 实地，企业就会稳步前进 /34
- 2.4.1 您是用铅笔还是用圆珠笔来管理企业？/34
- 2.4.2 6S 管理推进中的清醒剂 /34

V

第三章
6S 推进的关键点 /36

3.1 整理中深究产生不要品的原因 /36
  3.1.1 第一个 S（整理）的概念 /36
  3.1.2 进行整理的要点 /37
  3.1.3 整理中的必要与不必要标准的制定 /38
  3.1.4 养成每天循环整理的习惯 /40
  3.1.5 深究产生不要品的原因，杜绝多余物品 /41

3.2 简洁、清晰、易于归位的整顿 /41
  3.2.1 第二个 S（整顿）的概念 /41
  3.2.2 进行整顿的要点 /41
  3.2.3 整顿应实现的效果 /44

3.3 清扫中的全面点检 /46
  3.3.1 第三个 S（清扫）的概念 /47
  3.3.2 进行清扫的要点 /47

  3.3.3 清扫即点检 /51

3.4 清洁是标准、制度的建立和执行 /53
  3.4.1 第四个 S（清洁）的概念 /53
  3.4.2 清洁的实施要领 /53
  3.4.3 标准、制度的执行 /55

3.5 习惯是培养教育出来的 /56
  3.5.1 第五个 S（素养）的概念 /56
  3.5.2 素养的实施要领 /57
  3.5.3 如何培养教育出好的习惯 /57

3.6 安全重在预防 /58
  3.6.1 第六个 S（安全）的概念 /59
  3.6.2 制订安全防范措施的依据和原则 /60
  3.6.3 安全为何重在预防 /61
  3.6.4 安全从班组抓起 /63

第四章
进行 6S 管理深化的技巧 /66

4.1 6S 推行步骤的改善 /66
  4.1.1 6S 管理办法推进的十大步骤 /66
  4.1.2 6S 管理推进中的要点 /71

4.2 6S 管理活动的简约化 /72
  4.2.1 减少 6S 管理活动手册的发放范围 /72
  4.2.2 宣传要简单化 /73
  4.2.3 工作要常态化 /73
  4.2.4 推进方式与 ISO 9000 的不同 /73
  4.2.5 6S 检查方式的改善 /75
  4.2.6 考核方法的简化 /76

4.3 6S 管理改善的切入点 /76
  4.3.1 少花钱的地方 /77
  4.3.2 不费力气就立即能见效的地方 /78
  4.3.3 能减少员工劳动强度和劳动量的地方 /79
  4.3.4 新厂房建设和旧厂房改造时 /79

4.4 库存认识的深化 /80
  4.4.1 库存的"好处" /80
  4.4.2 虚假的"零库存" /81
  4.4.3 对库存应当有更深入的认识 /81
  4.4.4 库存改善方法和事例 /82

第五章
6S 推进十大工具的妙用 /86

- 5.1 工厂的全面"洗澡"运动 /86
- 5.2 定置管理法 /87
- 5.3 目视管理法 /95
- 5.4 定点摄影 /104
- 5.5 红牌作战 /107
- 5.6 改善手法(改善提案制度)/111
- 5.7 PDCA 循环 /112
- 5.8 看板管理法 /115
- 5.9 十分钟教育(班前、班后)/121
- 5.10 小团队活动 /125

第六章
全员参与的 6S 改善活动促进变革 /129

- 6.1 改善——简单的名词、复杂的内涵 /129
  - 6.1.1 改善的原因 /130
  - 6.1.2 认识改善的角度 /131
  - 6.1.3 改善无大与小之分 /131
  - 6.1.4 改善无本职与非本职之分 /132
- 6.2 全员参与是改善得以推进的基础 /133
  - 6.2.1 人人都是改善的参与者 /133
  - 6.2.2 改善是我们共同的需求 /133
- 6.3 改善的十条基本精神 /135
  - 6.3.1 抛弃僵化固定的观念 /136
  - 6.3.2 过多地强调理由,是不求进取的表现 /137
  - 6.3.3 立即改正错误,是提高自身素质的必经之路 /137
  - 6.3.4 真正的原因,在"为什么"的反复追问中产生 /138
  - 6.3.5 从不可能之中,寻找解决问题的方法 /138
  - 6.3.6 只要你开动脑筋,就能打开创意的大门 /139
  - 6.3.7 改善的成功,来源于集体的智慧和努力 /139
  - 6.3.8 更应该重视不花大钱的改善 /139
  - 6.3.9 完美的追求,从点滴的改善开始 /140
  - 6.3.10 改善是无止境的 /140
- 6.4 改善的思路 /141
  - 6.4.1 改善的积极心态 /141
  - 6.4.2 如何打开改善的思路 /142
  - 6.4.3 广义的节能观念 /144
  - 6.4.4 从改善的事例看问题 /146
  - 6.4.5 班组长在 6S 现场改善中的作用 /149
  - 6.4.6 在日常工作中清除无效劳动,不断改进生产 /150
  - 6.4.7 改善的过程是有风险的 /151
- 6.5 员工应该从企业的改善发展中获益 /151
  - 6.5.1 要让员工与企业共同发展 /151
  - 6.5.2 员工如何享受改善的成果 /152

第七章
6S 管理的深化——大力推进精益生产 /154

7.1 制造业在生产管理方面存在的问题 /154
    7.1.1 基础 6S 管理方面 /155
    7.1.2 生产运营与生产现场方面 /155
    7.1.3 品质管理方面 /156
    7.1.4 管理气氛及人员能力方面 /156

7.2 精益生产基本知识 /157
    7.2.1 精益生产历史 /157
    7.2.2 精益生产方式的优越性及其意义 /158
    7.2.3 精益生产管理方法上的特点 /159
    7.2.4 精益生产与大批量生产方式管理思想的比较 /160
    7.2.5 精益生产的要求和具体表现 /161

7.3 如何在企业中实施精益生产 /163
    7.3.1 优秀的人力资源（HR）管理体系 /165
    7.3.2 完善的改善管理体系 /167

7.4 实施精益生产能够带来的收益 /168
    7.4.1 组织文化收益 /168
    7.4.2 经济效益收益 /169
    7.4.3 员工素质收益 /169

7.5 实施精益生产的一些关键问题 /170
    7.5.1 推行精益生产管理的关键点 /170
    7.5.2 精益生产与成本管理 /171

参考文献 /173

第 一 章
重新认识 6S

6S管理方法从日本引进国内并在无数企业中推进已经有二十多年了,对于我们每一个从事6S管理方法推进的人员来说,它既熟悉又陌生。熟悉的是6S管理的条款能倒背如流,推进的步骤和方法能如数家珍,实际工作已进行了多年,而陌生的是6S管理方法推进这么多年了,国内的很多企业"一紧,二松,三垮,四重来"不断地循环着,停滞不前的企业很多,主动放弃的企业也不少,究竟6S管理方法能给我们带来什么?我们对6S管理方法的理解和认识有哪些不足,在实际推进过程中的做法是否正确?为什么推进的效果总是不尽如人意并且不能持续保持呢?

希望从阅读本书开始,重新理解和认识6S管理方法,纠正在6S管理活动推进中的偏差,使6S管理活动真正能落实到现场管理的实处,起到不断提升现场管理水平、推动企业进步的作用。

1.1 再看我们的现场

1.1.1 观察是推进6S管理的第一步

生产现场存在的很多问题,都可以通过我们细心的观察了解到,当然,观察到的仅仅是问题的表面现象,但这是解决问题的第一步,这一步必须走好。

观察时态度要认真,要非常重视存在的问题,要抱着解决问题而不是挑毛病的心态在现场进行观察。

企业的员工和各级管理人员,长期在生产现场工作,对自己工作的现场应该是相当熟悉的,可是依然对现场存在的问题视而不见、麻木不仁,希望现场的每一位成员,无论是管理者还是普通员工,都带着6S管理的观念,以要发现问题的视角,重新审视自己的现场。

只有亲自走到现场,观察现物,把握现实,然后通过工作原理、原则去处理被发现的问题，深入分析问题存在的原因，制订改善对策并实施，才能使我们的企业不断进步、蒸蒸日上。

图 1-1 中带有锐利眼神的眼睛就如我们每一个现场工作者的眼睛，它们是我们推进 6S 管理的第一种、也是最有效的一种工具。6S 管理的推进与实施，离不开观察。就用我们的一双双慧眼，开始观察我们的现场，开始我们的 6S 管理工作吧！

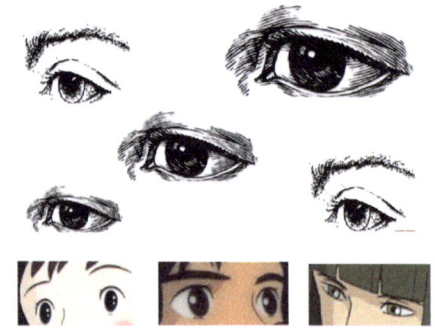

图 1-1　锐利的眼睛

1.1.2　没有实施 6S 管理的现场

没有实施 6S 管理的企业的现场管理还处于一种"无序的状态"，很多企业还处于一种"手工作坊时代"，或者说是由"手工作坊时代"发展而来的大规模的"手工作坊时代"。反映在：

1）积压的物料像山一样堆满了仓库、过道、车间，生产中仍然不断缺料、断货，因不能满足客户订单的需求而失去许多机会或多付出额外成本；

2）因为工艺没有标准化，导致品质问题常发生；

3）员工忙得像热锅上的蚂蚁，但就这样准时交货率才 80% 左右，加之品质问题，被客户投诉已经习以为常；

4）生产现场、办公场地被各种物品和灰尘所覆盖、杂乱无章；

5）部门之间、上下级之间存在扯皮，推卸责任的现象；

6）员工流失相当严重；

7）库存积压资金越来越多，资金周转越来越不顺畅等。

下面选用一些企业在未实施 6S 现场管理前的一些实际场景加以说明。

没有实施 6S 管理的现场是杂乱无章的，地板上切屑、垃圾、包装物、油污随处可见，零部件、工具、手套、工作服到处都有，人员、车辆在拥挤不堪的安全通道上穿插而行，办公室里图纸、资料、书籍、报纸、样品每个角落都有，而认识到这些现象的不足就是 6S 管理推进与实施的起点。

1. 办公场地

图 1-2 中办公室资料柜的顶部，经常存放一些过期不用或按要求还必须要长期保存的资料，但长期杂乱无章的堆放在资料柜的顶部，不仅影响办公区域的整洁美观，更重要的是在需要查询时，无法下手，一份资料需要花费大量的时间查找，浪费了很多时间。

图 1-3 中的资料柜内部存放的不仅有文件资料，个人物品、杂物应有尽有，有效的资料放在其中，难以查找。

第一章　重新认识 6S

图 1-2　资料柜顶部杂乱无章

图 1-3　资料柜内部混乱不堪

看到图 1-4 这个电脑工作台，我们可以想象到一个忙碌而无序的工作场面，"乱"是这个工作场景的真实写照。

看看图 1-5 这间办公工作间，能放资料、物品的地方（桌面、桌下、桌边）都堆放着，文件资料随意放置，工作服、皮包、个人物品到处都是。

图 1-4　放置无序的电脑工作台

图 1-5　办公工作间随意堆放

看看图 1-6 这个电脑键盘，你有何感想？键盘上除了几个经常使用的按键稍微干净些外，其他按键则是灰尘满布，最基本的 6S 工作都没有进行，同时对使用者的健康也大有影响。

打扫卫生的方式很多，而对图 1-7 中的办公用椅的打扫卫生方式是：主人每天坐在它上面的时候，就会顺便用臀部对它进行一次清洁工作。

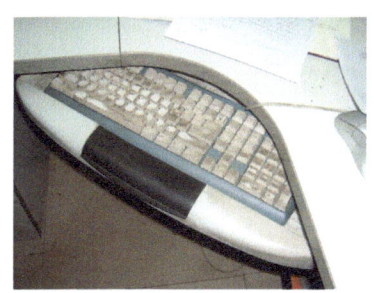

图 1-6　电脑键盘布满灰尘

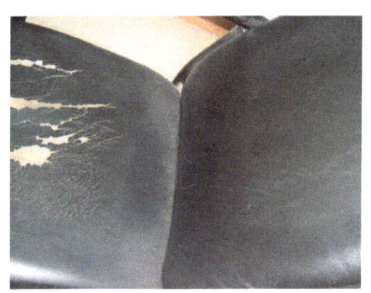

图 1-7　办公用椅破旧又脏

2. 生产现场

图1-8是一个下班后的工作现场，电缆线、开关、工具随地放置，配电柜门开启，工作现场杂乱无章，安全隐患非常大。

图1-9是一个下班后的工作现场，机床床身上、机床旁边切屑到处都是，基本的清扫工作都没有进行，对设备的精度及寿命都会有很大的不良影响。

图1-8　杂乱的工作现场

图1-9　切屑满身的机床

图1-10是一个紧张繁忙的工作场面，通道上、机床边已被加工的零件、切屑堵满而无法通行，员工的行走、零件周转困难且极不安全。

图1-11满地的油污不仅造成环境污染，给清扫工作带来相当大的困难，而且还不断地产生着油料泄漏的浪费。

图1-10　拥挤不堪的工作场地

图1-11　油污满地的场地

很多车间的维修间里，参见图1-12，维修备件、拆机废品、维修工具、劳保用品（工作帽、手套、工作服、毛巾、工作鞋等）杂乱随意地到处堆放。

如图1-13所示，在偌大的库房里，产品无规则地堆放，很多产品已经存放数年无人打理，场地空间浪费巨大，寻找物品时间增加，管理难度加大。

工作现场杂乱，在工作中就常常会出现以下情况：

图1-12　杂乱的维修间　　　　　　图1-13　大而杂乱的库房

1）急着要的东西找不到，心里特别烦躁；

2）桌面上摆得零乱让人心情不好，办公室空间有一种压抑感；

3）没有用的东西堆了很多，处理掉舍不得，不处理又占用空间；

4）工作台面上有一大堆东西，理不清头绪，不知道该做什么；

5）每次找一件东西，都要打开所有的抽屉、箱、柜狂翻；

6）环境脏乱，使得上班人员情绪不佳；

7）制订好的计划，事务一忙就"延误"和"遗忘"了；

8）材料、成品仓库堆放混乱，账、卡、物不符，堆放长期不用的物品，占用大量空间；

9）生产现场设备灰尘很厚，长时间未清扫，有用和无用的物品同时存放，活动空间变得很小；

10）生产现场道路被堵塞，行人、搬运无法通过。

这样的现场，如此不良的"症状"，你能容忍吗？你是否注意到在自己的工作环境中常常会出现这些不良"症状"呢？

一个企业现场管理不善造成的困惑远远不止上述这些方面。如果每天都被这些小事缠绕，你的工作情绪就会受到影响，工作效率就会大大降低，产品质量也会随之降低。

解决上述不良"症状"的良方——立即在自己的企业中推行6S管理。

为什么日本企业，中国的海尔、美的，美国的通用、微软等，都争先恐后地推行6S管理？为什么全世界的企业界都对6S管理推崇备至呢？事实胜于雄辩，答案就在其中。

国内的很多企业已经充分认识到这种杂乱无章给企业带来的损失，纷纷开展了6S管理的推进工作，很多企业已经取得了显著的效果。

1.1.3　实施了6S管理的现场

从已经开始实施6S的企业现场，能看到可喜的变化：有规范的管理制度，干净、整洁、定置化的现场，充满活力的员工，不断出现的创新改善，浪费不断减少，质量也日趋稳定，这样的企业越多，未来越有希望。

看到图 1-14 这风景秀丽如画的工厂，员工都会为能在这样的企业里工作而感到骄傲和自豪，这样的企业也具有很大的吸引力。

图 1-15 是整洁有序的生产现场，是确保产品质量、提高生产效率、降低制造成本和安全生产的有效保障。

图 1-14　如画的工厂　　　　　　　　　图 1-15　有序的生产线

图 1-16 是干净、整洁、清爽的电脑桌，没有多余的杂乱物品，在这种办公环境下工作，工作会有条不紊地进行。

清除了办公室内废旧、过期无用的资料、报纸、书籍、杂志及物品后，办公桌面上显得格外的整洁、有序，如图 1-17 所示。

图 1-16　整洁的电脑桌　　　　　　　　图 1-17　整洁的办公室

大量的文件资料分类装订，文件夹有序放置，标识清晰，易于拿取、归位，目视识别易于判定，减少了大量查找资料的时间，如图 1-18 所示。

有了图 1-19 这样干净、整洁、舒适的工间休息场所，员工们会得到较好的休息，以便有更充沛的精力投入到下一个阶段的工作当中去。

第一章　重新认识 6S

图 1-18　整洁的文件资料柜

图 1-19　定置的工间休息场

图 1-20 所示是标识清晰的仓库货架，摆放整齐的物品，清洁的地面、货架、周转箱，无不给人一种清爽的感觉。

以上这些图片是 6S 活动推进过程中的一个小站、一个阶段，不是 6S 活动最完美的表现形式，在 6S 活动推进过程中，大家一定要记住："没有最好，只有更好"。有一个推进思路是要永远把现在的现场看成最差的现场！

漫步在进行了 6S 改善后的生产现场，处处一尘不染，井井有条，显得明亮、整洁，与原来杂乱堆放，满地都是物料和尘土的现场比较简直是天壤之别，工具放在员工们自制的柜架上，摆放有序，标识清晰，再也不会出现"不用到处有，用时找不到"的现象；积存多年的污垢已被清理得干干净净。办公室里，再也没有了堆积如小山似的文件资料，取而代之的是温馨的问候和美丽的花朵。文件柜、每个抽屉内的物品，都有定位

图 1-20　标识清晰的仓库货架

标识。员工们通过亲自动手营造起一个秩序井然、自主管理的现场环境，处处洋溢着以人为本的企业文化，员工的个人素养也得到了提升，都能自觉地保持现场环境干净整洁有序，养成了很好的工作习惯，同时也逐渐形成了一种互相促进，共同提高的良好氛围，达到"审美"的境界。

6S 管理及改善文化使企业发生了巨大的变化。

图 1-21 和图 1-22 就是一个鲜明的对比。

图 1-21　设备改善前的状态　　　　图 1-22　设备改善后的状态

1.2　改善陷入误区的 6S 现场

1.2.1　陷入误区的 6S 现场

6S 管理起源于日本企业，由于看到了 6S 管理活动给企业带来的好处，中国的一部分实行者毫无疑义地照单全收。其实，对任何一种管理方法，我们都应该进行细致分析，去其糟粕、取其精华，根据自身实际状况修正利用，才能使管理方法真正发挥作用。

有的管理者仅仅照单全收还不能满足其急功近利、好大喜功的愿望，一些人又在原管理方法的基础上添枝加叶，用各种形式主义的做法"美化"现场。

在推进 6S 活动的过程中，盲目追求炫目的效果，华而不实的形式，实用性差，同时会产生新的浪费。

图 1-23 是一张很多管理咨询公司在讲课时经常表扬的图片。经过精心设计、制作的工具放置场地，在减少寻找工具的时间浪费上的确下了功夫，各类工具标识清晰，工具的影像确定了工具的唯一位置，易于归位，何人在使用工具一目了然。

可是，就在追求减少寻找工具的时间浪费的同时，却产生了新的浪费：放置工具的场地占地过大，工具摆放不集中，拿取工具时的走动距离太长，如果，企业的维修间都用这种

图 1-23　工具放置场地

方式来放置工具和备件,那得需要多大的场地呀?在场地租金、土地售价日益上涨的今天,这种过分追求华丽形式的6S,着实是一种浪费。

工厂内安全通道的标识应清晰、简明、易于理解,可看看图1-24、图1-25两幅工厂内通道的图片,对于行走方向的标识似乎有些画蛇添足。

图1-24 工厂内通道(一)

图1-25 工厂内通道(二)

在企业内部的运输通道,由于占地有限(主要是因为场地投资费用的原因),物料运输不像外部公路运输那样繁忙,就不能像城市道路那样,设置单行道,规定行驶方向。

从图1-25中的规定行驶方向看,四面八方都可以行走,那还用做标识吗?

图1-26中看板前区域成为堆放周转架的场地,员工们无法观看到看板上的内容,看板悬挂在墙上,已经成为了摆设。

由于在确定定置区域时,没有科学地考虑工艺路线、物流状况,致使每隔一段时间就要重新划分定置区域,重新画定置线,造成旧线未去,新线又来,人力物力浪费、场地线条纵横,如图1-27所示。

图1-26 失效的看板

图1-27 多变的定置线

在很多企业的厂房内外、墙壁上下,到处张贴6S标语、口号,并用多开会、开长会来奢望解决存在的6S问题。

贴标语、喊口号只能营造一种气氛,不能实质性地解决问题。多开会、开长会是会议6S管理之大忌,会议不在乎多少和长短,主要是看其是否有效果和有利于效率的提升。

国内许多企业热衷于口号、标语、文件的宣传及短暂的活动（运动），似乎相信在厂区内树立一些诸如"员工十大守则"就能改变一个人，提升人的品质。实际上根本就不能指望天天在一个没有行为约束、工作细节上可以随心所欲、脏乱的现场环境中工作的人，能具有认真对待每一件小事的优良工作作风。这种没有结合日常工作的空洞口号、运动，对提升人的品质几乎没有任何帮助。反观世界优秀企业，都把"6S"看作现场管理必须具备的基础管理技术。"6S"既是一种管理文化，同时也是现场科学管理的基础。每天都在一个对、错一目了然的环境中工作，使得每个人都必须约束自己的行为，久而久之就能实实在在地提升人的品质。

中国有许多家工业生产型企业，仅靠目前低价的人力成本是无法长期与别人竞争的，必须通过提升人的品质及灌输科学的管理思想来培养出良好的工作作风。

我们需要的是实用主义的"6S"：不要华丽的现场，要实用的现场；华丽的厂房、园林式的工厂不等于顾客满意的产品；最简单的才是最美的。

就像沃尔玛的仓储式卖场，减少了装修费用，减少了装饰成本，让利给消费者，使之成为世界顶级的商业巨无霸。

1.2.2　用精益生产的目光审视 6S 的行为

我们不需要高成本的 6S，当然，在企业经济条件许可的条件下，略多花些钱，装饰美化环境，也是无可非议的，但一定要物有所值。在精益生产中站在用户的角度看，一切不增值的行为都被视为浪费，那么，我们在推进 6S 的过程中是否遵循了精益生产的原则呢？

6S 浪费：就是在推进 6S 的过程中，由于过于追究形式化的内容和缺少科学的参与、判定和决策而产生的新的浪费。

一些企业一方面在强调推进 6S 的目的之一是降低成本，而另一方面却在推进 6S 的过程中不断出现新的浪费。

看一看在推进 6S 管理中产生的新的浪费吧：

1）由专业的广告公司精制了不锈钢架、铝合金架看板，但看板内容与现场实际状况不符合，记录的时间过期，内容未及时更新，花了大钱，却未达到一点点效果，更有甚者，长期不用的看板干脆堆放在墙角，造成新的浪费。

2）现场过多的管理看板和标识。以为搞 6S 管理就是要做大量的管理看板和标识牌，结果造成看板和标识泛滥成灾，搞得眼花缭乱，既费时又费力费钱。

3）工厂的地面以干净整洁不起灰为基准，而不在于如何的华丽、光亮，不是什么场地都需要涂刷地板漆，其实，水磨石地面就是既经济又实惠的。

4）定置区域经常变化，定置线重复画，有时旧线未清除又添加新线，造成地面定置线纵横交错,反而影响场地整洁。

5）在强调各个环节都必须明了现场状况的目标下,增加了许多的记录表单,同一问题反复填写,甚至多渠道统计现场数据,既浪费人力、时间,又浪费纸张,执行者怨气连天,领导者还不满意。

6）无论旧的物品是否能用,一律更换新的。6S管理对现场物品的要求是干净、整洁,而不在于物品的新旧。那种把旧的、破的全部丢掉,花钱买新的的做法不能称之为6S管理。

细致观察后我们会发现,在进行6S的推进工作时,产生的浪费远不只这些。6S管理的本意就是要减少整个生产过程中的浪费,而在进行这些华而不实的6S管理过程中,新的浪费又在不断地产生了,这不是企业需要的朴实、节俭、实用的6S管理。

1.2.3 推进6S管理的目的究竟是什么?

实施6S管理,能为企业带来巨大的好处,可以改善企业的体质,确保产品质量,提高生产力,降低成本,确保准时交货,同时还能确保安全生产并能不断增强员工们高昂的士气。

实施6S管理的好处很多,可在已经推进6S管理的企业中,实际能感受到这种好处的企业并不多,其原因在于没有理解6S管理的精髓,过于重视表面文章,做形式化的6S管理,这样一来,反而增加了员工们的工作负担,产生了新的6S浪费。

我们在此重新认识一下推进6S的目的。

1. 改善和提高企业整体形象

推行6S管理,使企业有一个清爽、明亮、整洁的工作环境,容易吸引客户,给客户留下深刻印象,让客户对企业有信心,图1-28所示是井然有序的生产现场。

如果客户进入工厂的第一感觉是见到工作步调紧凑,工作态度严谨,员工士气高昂,任何物品都摆放得整整齐齐,井然有序,那么客户对这个企业的产品质量就会相当放心,很自然就很有信心跟企业签订订单,企业的市场占有率也就相对提高了。

图1-28 井然有序的生产现场

但如果客户一走进工厂的大门就看到车辆停放凌乱不堪,到处垃圾满地,办公室的桌面各类用品乱七八糟,卫生间奇臭难闻,那么客户肯定会从内心里怀疑企业的管理能力,对这个企业的产品质量更是没有信心,哪还谈得上跟企业签订订单呢？

如果 6S 推行得好，大家口碑相传，必然会有很多人到企业来观摩，企业就会成为其他公司的学习对象，从而扩大公司的知名度，大大提高企业的声望。

2. 促成工作效率的提高

良好的工作环境和工作气氛，物品摆放有序，不用寻找（图1-29），再加上有修养的工作伙伴，员工可以集中精神工作，工作兴趣高，通过 6S 管理活动的开展，减少寻找时间，效率自然会提高。

试想，如果员工们始终处于一个杂乱无序的工作环境中，情绪必然会受到影响。情绪不高，干劲不大，又哪来的经济效益？所以推动 6S 管理，是促进效率提高的有效途径之一。

图 1-29　不用寻找的现场

3. 改善零件在库周转率

整洁的工作环境，有效的保管和布局，彻底进行最低库存量管理，能够做到必要时能立即取出有用的物品。工序间物流通畅，能够极大地减少甚至消除寻找、滞留时间，因此，能有效地改善零件在库周转率。

6S 管理的推进效果在减少库存量（图1-30）方面很突出，它能排除过剩的生产，避免零件及半成品、成品的库存过多。

图 1-30　精减而有序的库存

4. 减少直至消除故障，保障品质

优良的品质来自优良的工作环境和工作方法。通过经常性的清扫、点检，不断净化工作环境，避免污物损坏机器，维持设备的高效率和良好状态（图1-31），员工严格地按标准要求进行生产，作业出错机会减少，事前品质预防能力增强，品质异常可及时发现，不良品下降，品质自然上升。

图 1-31　良好状态的设备

5. 保障企业安全生产

储存明确，物归原位，各种标识清楚明显，工作场所宽敞明亮，通道畅通，地上不会随意摆放不该放置的物品，危险点有防止和警告标志，如图 1-32 所示

的采用了醒目的安全警示色。如果工作场所有条不紊，意外的发生也会减少，当然安全就会有保障。消防设备有效、合理定置放置，逃生路线明确。同时，强调危险预知训练，每个人都有危险预知的能力，能做到一旦发生灾害，员工的生命安全会有所保障，使企业的损失降到最低。全体员工遵守作业规程，正确地使用保护器具，不容易发生工作伤害。

图 1-32　醒目的安全警示色

6. 降低生产成本

通过实施 6S 管理，可以减少人员、设备、消耗品、用具及原材料、场所、时间等的浪费，减少不良品的翻修，减少错漏装造成的经济损失，从而降低生产成本。

7. 改善员工精神面貌，使组织充满活力

人人都变成有修养的员工，有尊严和成就感，对自己的工作尽心尽力，并带动提升了员工的改善意识，这样可以明显改善员工的精神面貌，使组织焕发出一种强大的活力。

8. 缩短作业周期，确保交货期

由于实施了"一目了然"的管理，使异常现象明显化，减少了人的等待和寻找浪费，使生产变顺畅，提高了作业效率，缩短了作业周期，从而确保了交货期。

9. 为其他管理活动的顺利开展打下基础

6S 活动的开展为企业 ISO 9000、TS 16949、QC 活动、TPM 活动、精益生产的开展打下坚实的基础，使这些活动能更为顺利地开展。

以上 9 个方面，自然是推进 6S 的目的，可是，往往在实际推进过程中，并没有细致品味这 9 个方面目的的深刻含义，导致在 6S 管理实施过程中，目光和焦点都集中到第 1 条：改善和提高企业整体形象上去了，没有把 6S 管理深入到成本、质量、效率、安全、士气这些层次。忽略了后 8 条的 6S，6S 只能是企业的"形象工程"和"面子工程"，就会产生 6S 浪费，对企业的发展意义不大。

在长期的 6S 推进工作中，笔者感到这 9 条推进 6S 管理的目的还有不足之处，这些目的重视企业利益，但却忽略了员工自身利益，因而在 6S 推进工作中，来自员工的阻力重重；另外，6S 管理中标准化的实施，给企业的规范化操作起了很好的指导作用。因此，对推进 6S 管理的目的补充了第 10、11 条。

10. 以人为本，降低员工的劳动强度

通过 6S 管理，合理地划分物品放置区域，添加必要的装具、周转车，应用

新技术、改进工艺，采用人体工程学原理，减少员工搬运物品的距离和付出的体力，降低员工的劳动强度，不采用疲惫的工作方法（图1-33），员工的疲劳减轻了，工作更会集中精力。

11. 6S 管理是标准化推动者

6S 管理活动强调作业标准的重要性，员工能遵守作业标准，产品和服务质量就会提高且稳定。通过目视管理的运用与标准化，预防问题的发生。

图1-33　疲惫的工作方法

6S 管理活动的目的，归根结底就是：
1) 为了培养员工的积极性和主动性；
2) 创造人和设备皆宜的环境；
3) 培养团队合作精神。

也就是提高了人的品质。

1.2.4　增加6S管理实施的深度

很多年以来，大部分企业实施的6S 管理都停留在简单的3S 阶段，以为把表面的3S 做好了就可以了，每天日复一日的低级3S，使企业的管理人员和员工都已麻木和厌倦，要想把6S 管理实施深入到成本、质量、效率、安全、士气这些层次，就要在6S 管理的实施过程中增加技术知识的含量，通过强化对产品知识、设备知识、工艺知识等的学习和运用，优化6S 管理效果，使 6S 管理的效果更加符合企业的实际要求。

在实施6S 管理活动一段时间后，要想增加6S 管理实施的深度，精益生产管理活动的开展是提升6S 管理效果非常有效的一种手段。

1.3　6S 管理在现场管理工作中的地位

1.3.1　6S 管理是一种基础管理方法

高质量、高效率、低成本、安全一直是企业追求的现场管理目标，为了达到这些目标，企业引入了许多先进的管理方法，比如 ISO 9000 管理体系、ISO/TS 16949 管理体系、TPM、TQM、6 西格玛、精益生产等，但是相当一部分企业的实施效果却不甚理想，究其原因，主要是因为他们的基础管理工作不到位，造成这些先进管理方法无法与企业实际和员工思想接轨。而 6S 恰恰是这么一种基础管理方法，在良好的 6S 管理基础上，企业才能与这些先进的管理方法融合在一起，收到事半功倍的效果，共同推进企业的进步。

参见图 1-34 规范的化验室。

图 1-35 所示为维修工具管理，这就是一种基础管理。

图 1-34　规范的化验室　　　　　　　　图 1-35　维修工具管理

6S 管理都推行不了的企业，一定无法成功地开展其他活动。

6S 管理为相关活动打下坚实的基础。6S 是现场管理的基础，6S 水平的高低代表着现场管理水平的高低，而现场管理的水平高低则制约着 ISO、TPM、TQM、6西格玛、精益生产等活动能否顺利地推动或推行。所以只有通过 6S 的推行和活动，从现场管理着手，来改进企业的体制，才能够起到事半功倍的效果。

在实施 ISO、TPM、TQM 等管理方法的企业中推行 6S 的活动，等于为这些管理方法的活动提供了肥沃的土壤，提供了强而有力的保障。

在 6S 的实施过程中，员工必须想尽办法，如何利用目视管理、看板管理、标准化、持续改善、消除浪费等方法和思想来规范自己的工作环境。这些思想同样可以贯彻到 6 西格玛等先进的管理方法中，通过 6S 就可以先期将之深深地根植在员工的思想中，从而为以后引入其他管理方法打下坚实基础。引入 6S 对于改变企业管理者浮于表面的工作作风也有很大的作用，它能够使企业领导深入现场，关注细节，发现影响企业发展的、具有战略意义的细节问题，从而制订出切实可行的解决办法，而不再罗列那些不知所云的"措施"。所以，6S 能够使企业从外到内、从上到下有一个彻底的改变，形成一种整体上追求卓越的精神。

图 1-36 所示为细节的管理实例。细节管理是实施 6S 管理必要的手段。

表 1-1 是某企业现场细节检查的一个实例。

图 1-36　细节的管理实例

表1-1　现场细节管理评估表

评估时间	员工1		员工2		员工3	
评估要求	是	否	是	否	是	否
一、工作服是否干净整洁						
二、工具箱摆放位置是否正确						
三、举升机是否干净						
四、旧件是否按规定及时处理						
五、卫生间是否干净（拖布是否归位）						
六、上班时各卫生区是否拖地						
七、个人负责的特殊工具是否按规定摆放、整齐干净						
八、窗台是否无杂物						
九、下班后工具箱上是否无杂物						
十、下班后各岗位电源是否关闭						
十一、下班后各卫生区是否干净整洁						
十二、维修竣工车辆是否及时通知前台（及时腾出工位）						
十三、叶子板布是否按规定使用						

1.3.2　摆正推进6S管理的心态

日本管理大师安岗正笃说："心态变则意识变，意识变则行为变，行为变则性格变，性格变则命运变。"所以心态决定命运。很多企业在推行6S中，发生过"一紧，二松，三垮，四重来"的现象，就是因为管理者和员工们都认为6S是一次全面大扫除，是做给别人看的，心态就没有摆正确，他们所做的6S自然是白费工夫了。究其原因，是没有认识到6S的思想本质。

6S是以人的行为习惯为基础，在持续改善原则下的现场管理模式，强调对企业细节的重视和管理。在企业中导入6S管理，改变的不仅仅是企业的生产现场，更重要的是它深深地影响着企业文化的重塑。6S是企业管理的基础。

但把6S管理说成是企业管理所有问题的灵丹妙药也是不正确的。

丰田汽车CEO渡边捷昭这样描述丰田管理："尽管有那么多关于丰田模式的书籍，降低成本、看板生产、共赢等可能都是丰田模式的内容，但丰田公司内部并不是提倡用数字和条条框框进行管理的。"

作为世界制造企业管理方法的标杆，丰田模式绝不仅仅局限于几个工具，其中渗透着支撑企业发展的关键思想——标准化、消除浪费、目视管理、持续改善等。而 5S（6S）是丰田模式的基础，这些关键思想自然贯穿其中。

所以，6S 管理是一种理念，是形成企业追求卓越，构建品质文化的基础。在 6S 管理的推行过程中，最重要的是前面的 2S（即整理、整顿），只有完全达到了 2S 标准后，才能依次渐进地做好 6S 管理。

由此可以看出，6S 管理本身也很强调基础工作的重要性。实行 6S 管理最终要培养的是企业员工的自主意识，培养持之以恒的精神，塑造一种品质文化。在 6S 管理做得很好的企业里，在引入 6 西格玛和 TPM 等管理方法时，就会很容易进一步推广，员工易于接受这些思想，因为这些先进的管理方法要贯彻的是很多已在员工心目中根深蒂固的思想或方法，如消除浪费、目视管理、持续改善等，企业也容易形成一种永远追求"尽善尽美"的氛围。

1.3.3　从日本品质的崛起来看 6S 管理的效能

当今世界上产品品质一流的要属日本。日本所制造出的精良产品，是欧美众多工业先进国家所无法匹敌的，甚至连美国的钢铁、电子、汽车业，几乎也呈现出忙于招架之态势。

在企业的经营管理上，日本在战后产业复兴与重建期间，既吸取了欧美行之有效的科学的管理方法，又注意了与本国国情的结合，经过多年的努力，日本工业在许多方面都达到了世界先进水准，并在产品品质、效率和成本等方面居于世界领先地位。

日式生产管理值得很好仿效的有不少内容是"6S"涵盖的范畴，从中也可以看出"6S"的确是保证品质与生产顺利进行的基本工作。

例如：

1）工厂内特别安静和整洁，且维护良好的工作环境；

2）从自我做起，做好自主管理，如锻炼好身体，做一个可靠的人，与他人建立良好的信任关系；

3）设备维护在尖峰状态，养成寻找最小缺点并随时改正的习惯，让机器设备处于可持续运转状态；

4）安全第一，消除一切危险作业，依靠每个人的合作、维护和改善来确保安全；

5）品质不是检查出来的，而是在制造之前，必须将品质"设计"出来；

6）任何不良品都是宝藏，因为其中包括了再改善现状的情报，它和顾问一样，告诉我们何处可以再改造；

7）现场人员有效地推进了现场的管理和改善，品质管理得以彻底执行，确保高水准的产品品质。

由此可见，日本企业品质之崛起，6S 管理工作功不可没。

总之，6S管理是杜绝浪费，提高工作效率的最好方法。

这就是日本企业为什么花那么多的时间精力，全员实施6S管理的根本原因。拥有先进的技术、品质优良、工业发达的日本企业尚且如此，我们还有什么理由不迎头赶上呢？

本章读后心得体会

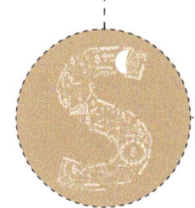

第二章

6S推进中的意识障碍

去过日本、韩国企业参观、考察的人都知道，大部分日本、韩国的企业以现场清洁、井然有序而著称。通过多年5S（6S）管理方法的推进，他们把严格的秩序观念灌输给员工，特别是企业的管理层。5S（6S）管理方法的真正含义是：工作场所的清洁、井然有序和纪律的执行是生产高质量产品、减少或杜绝浪费、提高生产率、确保生产安全的基本要求。严格的秩序观念是日本、韩国企业成功推进5S（6S）管理方法的经验所在。

借鉴"现代管理学之父"彼得·德鲁克（图2-1）的观念："6S管理是一种实践，其本质不在于知而在于行，其验证不在于逻辑而在于成果。"

图2-1 "现代管理学之父"彼得·德鲁克

2.1 清扫现场之前，先清洗大脑！

没有实施6S管理的工厂，脏乱触目可及，零件与箱子乱摆放，小推车在狭窄的空间里游走；好不容易购进的最新设备未加维护，短短数月就变成了不良的机械；而员工在工作中也显得松松垮垮，规定的事项只有起初两三天遵守而已，有头无尾……

观念的落后严重制约了我国6S管理推进的进程，改变企业员工陈腐、落后的现场管理观念已成为提高我国企业现场管理水平的关键。因此，在清扫现场之前，先清洗大脑。

时代在前进，人们的观念也在变化，企业现场的管理水平也在逐渐提高，可是提升的效果参差不齐，在中国，无数的企业在现场管理水平方面还有待于进一步提升，图2-2所示为改善中的现场一。

图 2-2 改善中的现场一

2.1.1 6S活动推进过程中领导重视不够

在准备推进6S管理活动之前,很多企业老总经常会问,做6S管理到底能够给我们带来什么样的变化?一些管理者也是急功近利,6S管理没有做多久就期待得到好的经济效益,想看到销售额和利润的飞速增长,等等。可是,由于在实施的一段时间内看不到这些变化,一些人就找到了借口:既然6S管理并不能马上给企业带来什么经济效益的增长,不实施也罢。

在开始推进6S管理的企业里,领导的不重视,也是6S管理不能在企业顺利推进的重要原因。有一些领导,只为了企业吹嘘造势,对外宣传,声称搞了6S管理,其实6S管理的推进仅仅停留在口头上,没有落实在行动上,更没能持续地推进下去。

有些企业的领导并没有真正的掌握6S管理的要义,而是刻意地模仿其他企业的推进模式,不能与本企业的实际情况相结合而灵活应用,滋生了教条主义。因为6S管理是不能复制的,所以刻意的模仿注定要失败。

6S管理的成功关键在于与本企业及本部门的实际情况相结合,制定适合本企业状况的相关制度及标准,按照符合本企业情况的推进速度前进,实施有效的6S管理方法。适合自己的才是最好的,不必刻意去追求模仿。不能搞成花架子好看不好用,不能只是形式上仿效,没有实质性改善。

应该认识到:6S管理在企业中的推动应该是自上而下的,就是说要从公司领导开始,逐级行动,向下推动,然后在全公司范围内广泛地开展起来。

事实上,6S管理活动初期的效果更多地体现在现场管理水平的提升、员工思想意识的改进和企业形象的改善上。6S 管理活动对效益的贡献是一个长期持续的过程。

中高层领导干部对 6S 管理的认识要进一步明确，把 6S 管理作为基础管理工作来抓，对下属应要求高，管理严，督促紧，工作要抓得比较到位。高层领导的重视，主要体现在关键的时刻能站出来，明确表示对 6S 管理的支持，并做好各部门的督促检查、协调工作，给予 6S 推进过程中的时间、人员、物质、资金的保障。

要求基层管理干部执行力强，不仅要深刻理解 6S 基础管理的重要性，而且要做到身体力行，与部门员工一起整理现场（图 2-3），发挥干部的表率作用，这样才能充分体现出部门领导的科学管理理念的加强。

领导重视并以身作则，带头参加公司的日常 6S 管理推进活动，是企业 6S 管理活动推进的关键所在。因此：

图 2-3　基层管理干部参加整理活动

1. 企业领导要亲自挂帅

1）最高领导要抱着我来带头做的决心，亲自出马。
2）交代每一个部门的领导要大力地推动。
3）在推动的会议上，领导要集思广益，让大家积极地提出怎么做会更好。

2. 领导要巡视现场

1）巡视过程中要及时指出哪里做得好，哪里做得还不够。
2）巡视完毕后，要召开现场会议，将问题点指定专人及时地跟进解决。
3）确认问题点的改进进度，担当者要细心研究改进方法，最终成果再向领导汇报。

3. 领导要亲自参与

领导要花一定时间与下属一道进行日常的 6S 管理工作，起模范带头作用，引导全体员工自觉进行 6S 管理的推进工作。

图 2-4 所示为改善中的现场二。

对于中高层管理人员来说，做好 6S 管理是其基本的管理能力。6S 管理是管理的基础，是衡量领导管理能力高低的重要指标，6S 管理做不好的领导，就不是称职的领导。

图 2-4　改善中的现场二

2.1.2 员工和基层管理干部有抵触情绪

很多人有这样一些观念：
1）认为6S管理太简单，芝麻小事，却要劳师动众，没有什么意义；
2）当然，工作上问题多多，但与6S管理无关；
3）工作上已经够忙的了，哪有时间再做6S管理；
4）现在比以前已经好很多了，有必要再搞吗？
5）做6S管理，给我们增加了很大的工作负担；
6）就是我想做好，别人呢？
7）做好了有什么好处呢？
8）现场干净整洁了，可产品质量还是问题不少。

在开始实施6S管理方法的初期，由于员工们对6S管理方法没有深刻的认识，特别是实行计件制的企业的员工，会认为6S管理活动的开展给他们带来很多额外工作，是负担，而且许多员工只顾完成自己的生产任务，对6S管理不闻不问。

搞6S管理真的会像图2-5中一样很累吗？

很多员工认为，工作已经太忙，天天都要加班，交货期又这样紧张，每个人都累得要命，哪还有时间再搞整理、整顿、清扫。还有的借口工作太忙不认真执行6S管理规范，为对付6S检查，有人仅作一些形式上的应付，而根本无心思去做本质上的6S改善。

这是大家认识上的一个误区，好像搞6S管理是增加了我们的负担，不，恰恰相反，推行6S管理的目的之一正是为了减轻员工的劳动强度，激发员工的创造力和活力，节约时间、缩

图2-5 6S管理真的会很累吗

短交货期。殊不知，只有6S管理做好了才能解决工作紧张、忙乱，疲惫不堪的现象。

当然，开始肯定会累，那是因为我们现在的现场多年来堆积了太多的脏、乱、差的问题，6S管理是一味良药，可良药一般都苦口，世上没有天上掉馅饼的事，不付出一些必要的努力就想成功，那就是奢望了。

图2-6所示为改善中的现场三。

很多员工看着公司为进行6S管理，提升现场的美感，不计成本地投入资金购买看板、物料架，更换旧的办公设施，而对提高工人的工资、福利、劳保待遇等却舍不得增加投入，更加感到不平，抵触情绪更加严重。

还有的员工认为"能交货就行了，我喜欢怎样就怎样做吧"。其结果就是工作场地杂乱无章，浪费随处可见。6S管理真的限制了个人的自由吗？那种只顾自己方便，不管别人是否方便，不顾整体利益的"自由"肯定会受到限制。笔者认为与其说限制了个人的自由，不如说是提升了人的品质，养成了依规定办事的良好习惯。当个人所追求的"自由"损坏到团队整体素质的提升时，这种人的"自由"对团队来说是必须被限制和改变的。

图2-6　改善中的现场三

没有规矩何以成方圆！

图2-7所示为改善中的现场四。

在有的企业一些部门还出现了某些极端现象，为了应付企业组织的6S检查，保全工在正常工作时间内不去检查、维修设备，质量检查人员在正常工作时间内不去进行质量检查和监督，而去擦墙面、地面，影响了本职工作，甚至出现了一些质量、人员事故等重大问题！这样一来，大家就更会认为：为搞6S管理付出了代价，花费了大量的精力和人

图2-7　改善中的现场四

力，得到的是员工怨声载道，人员流动性也有所增加，加剧了企业用工的紧张程度，从而带来了许多负面影响，员工甚至领导干部都会产生对6S管理的抵触情绪。

而且，最怕的是企业的中层、基层管理干部也有这样的抵触情绪，那对企业的6S管理的推进将是致命之伤。

6S管理和其他变革一样，难得一帆风顺，在旧的体制下人们往往对变革不满，产生抵触情绪，于是产生各种借口，给推进工作制造了不少困难。

面对这种情况推进人员要分清主要问题和次要问题，分清轻重缓急，切不可急于求成，乱了阵脚，可抓住重点，各个击破，以点带面，逐步推进。

在6S管理的推进过程中，你说过"没办法"吗？

在6S管理的推进检查过程中，当检查人员指出现场存在的问题时，现场的员工和管理人员就会说出各种各样的理由，说这也没办法，那也没办法，参见图2-8。

笔者认为：

想做一件事，至少会找到一个方法；

不想做一件事，会找到一百个借口。

要如图 2-9 一样，只找成功的方法。

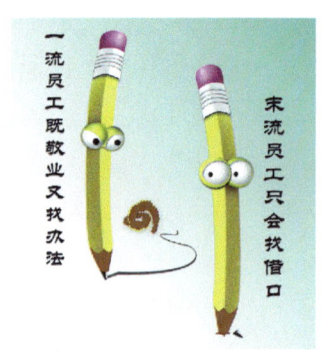

图 2-8　找借口

图 2-9　只找成功的方法

图 2-10 所示为改善中的现场五。

在一次企业的内训课上，笔者出了一道题：要求学员写出所知道的本企业、本岗位存在的浪费现象，分别叫了十二个学员来到白板前，要求他们在 6 分钟内依次写出 12 种不同类型的浪费现象。他们几乎都是在毫不迟疑的状态下，写出了 12 种不同类型的浪费现象，如果请他们继续写下去的话，还能写出更多的浪费现象。

图 2-10　改善中的现场五

要求每个人降低成本，都称已经尽力，成本压缩空间已经很小，甚至说无法压缩，可是叫他写出他所知道的本企业、本岗位存在的浪费现象时，每个人都不假思索的写出很多条，几乎人人皆是。

其实，"不找借口"更多的是一种对待工作的态度。

表 2-1 某企业寻找的一些浪费现象

表 2-1　某企业寻找的一些浪费现象

序号	地 点	现 象	原因或结果	责任部门
1	注塑车间	堆放原料多	等待浪费	注塑车间
2	注塑车间	出现不良品时处理慢	等待浪费	注塑车间
3	注塑车间	部品放得太高	不便查数、不便拿取	注塑车间
4	注塑车间	过量生产	资源浪费	注塑车间

第二章 6S推进中的意识障碍

(续)

序号	地点	现象	原因或结果	责任部门
5	注塑车间	2号机作业失误发现晚	资源浪费	注塑车间
6	注塑车间	未及时修机械	等待浪费	注塑车间
7	注塑车间	水龙头未关严	资源浪费	注塑车间
8	印刷车间	因没待印品而等待	人员浪费	印刷车间
9	印刷车间	过多生产产品	资源浪费	印刷车间
10	印刷车间	一人包装,一人装箱	包装、装箱浪费	印刷车间
11	印刷车间	手套浪费	员工节约意识淡薄	印刷车间
12	印刷车间	前工序检查不认真	质量管理	印刷车间
13	印刷车间	包装浪费	人员过多	印刷车间
14	印刷车间	用完未盖严	蜡的浪费	印刷车间
15	喷涂车间	间接搬运	传送带间有间隔	喷涂车间
16	喷涂车间	修机械造成的浪费	因机械故障不能运转	喷涂车间
17	喷涂车间	漆料的浪费	工作不认真	喷涂车间
18	化验室	化验室空闲时间多	人员浪费	化验室
19	成品仓库	部品放在地上	不良品的浪费	仓库
20	后勤仓库	没贴出标识	查找浪费	后勤仓库
21	仓库	搬运工时间安排不合理	人员浪费	办公室
22	涂料车间	原料、产品出入库时间长	仓库离车间太远	事务部
23	涂料车间	溶剂桶盖不严	溶剂挥发造成浪费	生产部
24	涂料车间	搬运时间长	搬运车太小	生产部
25	涂料车间	颜料袋用完后包扎不严	颜料吸潮变质	仓库
26	涂料车间	树脂原料桶盖不严	树脂洒落在地原料浪费	生产部
27	涂料车间	厕所内水龙头不严	水源浪费	生产部
28	涂料车间	离水池太近,桶生锈	包装铁桶浪费	生产部
29	办公室	复印纸印一面就扔了	资源浪费	办公室
30	办公室	电话中说与工作无关的话	电话浪费	办公室
31	办公室	电脑用完未关	资源浪费	办公室

我们在推进6S管理的初期,也可以将改善工人的工作环境,减少他们的劳动强度作为工作的推进重点,在提高工作效率的同时,一定程度地提高工资福利,使公司和工人同时受益,减少6S管理的推进难度。

你听过钥匙的故事吗?故事是这样的:

一把坚实的大锁挂在大门上,一根铁杆费了九牛二虎之力,还是无法将它撬开。

钥匙来了,它瘦小的身子钻进锁孔,只轻轻一转,大锁就"啪"的一声打开了。

铁杆奇怪地问:"为什么我费了那么大力气也打不开,而你却轻而易举地就把它打开了呢?"

钥匙说:"因为我最了解他的心。"

要是不知道每个人的心,就都会像上了锁的大门,任你再粗的铁棒也撬不开。

在6S管理的推进过程中,唯有对员工的关怀,尊重员工、了解员工,才能把自己变成一只细腻的钥匙,进入员工的心中,这样一来,你的6S管理推进工作的方法及措施就会得到员工发自内心的支持,公司6S管理工作就会取得成功。

2.1.3 多方面深入开展6S的教育培训工作

1. 培训的任务

在很多企业辅导推广6S管理活动的过程中,笔者经常听到基层工人说的一句话是:"6S谁不会?不就是打扫卫生,大扫除嘛。"

看来因不了解6S而持否定意见的人比较多。整理、整顿、清扫、清洁,从字面上看,都是些与卫生、大扫除类似的一些字眼,而大扫除是很累人的,工作量又很大。

还有的员工说:"6S就是花钱找事做"。

这真让人哭笑不得。据说这些基层工人还都是经过企业培训的。

图2-11所示为改善中的现场六。

如果你做的6S管理就是大扫除的话,那是没有必要如此兴师动众的。只做大扫除,日本也不会扫成世界经济大国。

应通过培训来改变员工的这种心态,培训必须有计划,表2-2和表2-3是企业做出的6S管理培训计划。

图2-11 改善中的现场六

表2-2 企业培训计划一

序号	培训时间	培训内容	培训对象	培训方式	主讲	培训地点
1	2013.5.17	6S管理基本知识及公司要求	公司全体员工	内训	张某	会议室
2	2013.5.18	6S管理活动的概念及推行主要步骤	公司全体员工	内训	咨询老师	会议室
3	2013.5.24	整理推进的原则方法和实施步骤	班长	录像		会议室
4	2013.5.28	整顿推进的原则方法和实施步骤(上)	班长	录像		会议室
5	2013.6.3	整顿推进的原则方法和实施步骤(下)	班长	录像		会议室

(续)

序号	培训时间	培训内容	培训对象	培训方式	主讲	培训地点
6	2013.6.24	目视管理的实施技巧	班长	内训	咨询老师	会议室
7	2013.7.15	定置管理的实施技巧	班长	内训	咨询老师	会议室
8	2013.8.2	清扫推进的原则方法与实施步骤	班长	录像		会议室
9	2013.8.8	清洁和安全推进的原则方法与实施步骤	班长	录像		会议室
10	2013.9.10	素养推进的原则方法与实施步骤	班长	录像		会议室
11	2013.9.22	6S管理活动推进的案例与问题处理	公司全体员工	内训	李某	会议室
12	2013.9.25	本公司6S管理制度	公司全体员工	内训	赵某	会议室

表2-3 企业培训计划二

序号	内容	项目	目标值	对象	4月	5月	6月
1	6S知识培训	1）6S的起源和适用范围 2）6S的定义 3）6S的作用	考试合格80%以上	全员	培训→	现场操作→	考核→
2	6S活动步骤	1）成立推进小组 2）推进成员集中学习 3）设定6S改进岗位 4）推进成员进行现场诊断 5）推进小组开展改进活动 6）员工自身开展改进活动 7）确认活动	100%理解并能实施	管理人员	→ → → →	→ →	→

  6S管理方法其理论本身易学易懂，没有什么超高、深奥的技术难度可言，在市面上有关6S管理的书籍众多和培训班也开了不少，但是很多企业推行了一次又一次，员工的思想意识就是没有转变，6S管理工作就是做不好，甚至到头来不知道问题的症结到底在哪里！就连一些日资、韩资企业到了中国之后，也对开展6S管理一筹莫展。这究竟为什么？

  很多人都认为6S管理的实施给他们的工作增加了负担，增加了劳动强度，又没有增加收入，并且认为实施中的很多工作是完全没有必要的。

  6S教育培训的革命就是要彻底改变目前企业在推行6S管理过程中盲目的形式主义做法，澄清模糊的认识，纠正意识的偏差。这才是6S培训的真正任务之一！图2-12所示为6S培训现场。

如果在企业现场有什么地方未加整理、很乱，我们称之为"6S死角"，这种死角还是比较容易处理的。但如果在人的思想观念、日常工作习惯中，也有这么一种"死角"，就不那么容易处理了，笔者称之为"6S意识死角"。推行6S管理活动要做到"形似而且神似"，就必须在工作现场不留"6S死角"的同时，在员工思想上也不留"6S意识死角"。图2-13所示为改善中的现场七。

图2-12　6S培训现场　　　　　　　　图2-13　改善中的现场七

长年累月地与6S打交道，笔者发现一个道理：如果你认同"很多事情不是做不到，而是想不到，甚至根本没有去想"，如果你觉得"员工总是推一下动一下，缺乏主动和实际动手的积极性"时，也许你应该尝试变革一下6S教育培训的方式，这种变革将带给你全新的解决这些问题的视角。

推行6S管理活动，面对的问题一定会很多，"6S意识死角"也很多，企业管理者就是要在不断的推进过程中，"清扫"一个又一个的"6S意识死角"，使6S管理工作不断完善。

图2-14所示为改善中的现场八。

许多企业管理者总是在反省，为什么我们中国企业总是做不好？深思后，你会感觉到最根本的一点就是教育不到位、管理者和员工做事不认真不到位，而6S管理就是根治这些顽症的良药。通过6S教育活动，在6S管理的推进过程中，建立标准化，规范行为，给管理者和员工不断灌输责任感和纪律性，人人都能自主管理，这样的企业想让它不成功都难。

图2-14　改善中的现场八

2. 培训内容的扩展

6S管理是一种运用综合技术的管理，它是涉及产品设计、工艺、设备设施、

第二章 6S推进中的意识障碍

物流、质量、成本核算甚至艺术等一系列科学学科的管理方法。

因此，6S管理的培训内容不应该仅仅只包括6S管理的基础理论部分培训。

6S管理的基础理论部分的培训作为启动6S管理活动是非常必要的，但是，随着6S管理活动的推进，要想使6S管理活动不断深入、持久地进行下去，取得实效，6S管理的培训还应该增加的内容包括：

1）产品性能、结构、工艺、质量、成本核算等技术知识培训；
2）改善方法（IE、QC、目视管理）等改善技巧培训。

这些培训内容，会使员工们尽快掌握改善技巧、将这类知识运用在实际的6S改善工作中，对6S改善起到事半功倍的作用。

6S教育培训，可以通过听课、宣传栏、板报、班前会等各种有效途径向员工，特别是新进公司的人员，解释说明实施6S管理的必要性以及相关的内容，从而让员工主动地去参与到6S管理推进工作当中去。

1）*新进人员的教育培训：*讲解各种规章制度、6S管理的基本要求。
2）对老员工进行新订规章的讲解。
3）各部门利用班前会、班后会时间进行6S管理知识的教育。

通过以上各种教育培训做思想动员，建立共同的认识。

2.2　6S管理是全员参与的活动

2.2.1　6S管理是全员参与的现场管理工作

员工参与度不高，这在很多企业推进6S管理过程中是普遍存在的现象。

推行6S管理要具体到每一个部门、每一个车间、每一个班组。在车间，主管就应该告知员工，或教育员工整理、整顿、清扫的重要性，然后再进一步地告知每个人，要形成一种规范，怎么样去进行整理、进行整顿、进行清扫。每一个人都能够做好以后，这个小组就可以做得更好。所以6S管理的活动，第一，它的一个环节就是部门，部门每一个人都有责任；第二，每一个责任都要环环相扣，也就是各个领导干部之间都要环环相扣。

6S管理的推动要做到企业上下全体一致，全员参与。公司高、中级管理干部和基层管理干部要做到密切地配合，安排、协调、检查6S管理活动的进行情况；每一个班组、每一个员工的具体实施活动，都是其中重要的环节。

2.2.2　办公室人员支持现场的改善

办公室人员应支援现场的6S管理工作的推进。并且，这种支援应习惯化、常态化。日本的企业大都习惯这种做法。

身在办公室工作的员工们，经常去现场，与现场的员工们一起共同进行6S管理活动（图2-15），亲历现场，感受现场，有助于在今后工作中，用现场的角度和思维方式考虑问题。

我在日本考察学习时，看到日本企业的董事长，年高62岁，依然同员工们一道，认认真真地做着现场5S（6S）工作，其带头作用不言而喻。

图2-15　办公室人员支持现场的改善

2.2.3　搞运动，缺乏坚持

开始推行6S管理时，满腔热情，可经过一段时间后，感觉6S管理除了使现场变得整洁以外，并没有看到实质的效果，除了每天定时进行的清扫、整理外，不知道还应该再做些什么。

很多公司在推进6S管理时，大张旗鼓地搞6S管理活动周、活动月、活动年，在此活动期间，领导高度重视，员工热情高涨，表面上是轰轰烈烈，好不热闹。可是，这一周、一月、一年一过去，就无声无息了，这种搞运动，缺乏坚持的6S管理活动注定是要失败的。

不能把6S管理与日常工作分隔开来，6S活动必须融入日常工作当中。只要还是公司的一员，就应该持续不断地进行6S管理活动；只要公司还存在，在公司里就应该不遗余力的开展6S管理活动，6S管理就是日常现场管理工作的一部分。

2.2.4　自己动手

6S管理的一项内容就是自己动手：自己动手打扫规定区域的清洁卫生、自己动手整理规定区域的物品、自己动手制作所需的物品，自己动手检查工作区域内的设备设施。当然在全公司范围内，自己动手的涵义是动员全公司的力量，尽量使用本公司的设备、工具，尽量利用本公司的边角余料来完成6S管理中的制作任务。当然，自己动手并不意味着完全排斥外协制作，在一些6S管理活动必须做但自己动手又不能实现的工作中，需要外部力量、环境的支援。

做6S管理，一定要发扬艰苦奋斗的精神，根据现有的条件因地制宜，物尽所用，决不能铺张浪费。改善员工的工作条件和工作环境，主要靠员工亲自动手，而必要的硬件设施的改善，该投入的资金，公司也要考虑投入。

很多企业利用进货包装箱的材料改制成看板、货架、工作台、员工座椅等，这是值得提倡的做法。

第二章　6S 推进中的意识障碍

笔者喜欢看着员工们自己动手（图 2-16）制作的一件件物品：看板、货架、工作台、零件装具、隔离护栏，虽然它们没有专业的广告公司制作得那样精美，但是，在这自己动手制作的一件件物品中，蕴含着每一个员工辛勤的劳作、无穷的智慧和 6S 的真谛。

现在国际上开始流行用"二流"的设备，生产"一流"的产品，大幅度减少对生产性硬件的投入。在推进 6S 管理的过程中，也应该遵循这一原则，尽量减少资金、物质的投入，尽量减少时间、人力的浪费，尽量减少场地、空间的占用。

图 2-17 所示为改善中的现场九。

图 2-16　自己动手

图 2-17　改善中的现场九

改善需要的是员工的行动，看看图 2-18 和图 2-19 工具箱改善前、后的强烈对比，这就是员工行动的力量。

图 2-18　工具箱改善前

图 2-19　工具箱改善后

2.3　处罚不是解决问题的好办法

2.3.1　发现问题是为了改善

有一次，笔者到一个企业的现场进行诊断。在现场诊断的过程中，拍摄了不少现场不符合 6S 管理要求的问题区域照片，准备在该公司第二天的中高层管理干部培训班上作为教育资料使用。可是，在就要离开诊断的车间时，车间主任跟在我的后面，欲言又止，我见状马上问他，还有什么事情吗？他说，老师，能不能在培训时不将刚才拍摄的照片展示出来，否则的话，忙了一个月，会因为这几张照片，这个月的奖金又要泡汤了，兄弟们辛辛苦苦干了一个月，不好交代呀！不好的地方我们下来一定改正，可以吗？

听了这些话，我的心情很沉重。

第二天给公司中高层管理干部培训时，我还是将拍摄的现场不良状况照片展示出来了，但在讲课之前，重点强调了寻找问题、暴露不良并不是为了惩罚，而是为了现场能够不断地进行改善，并强调拍摄的现场不良照片一定不能作为公司处罚的依据。

所拍摄的现场不良照片代表了目前公司现场的真实状况，而这种现场不良状况的产生，与公司的每一位管理者都有密切关系，是大家管理不善的结果，每个人都有不可推卸的责任，而公司领导更应负主要责任，如果要罚，就请先罚领导自己吧。

必须充分认识到这种现场不良状况的严重后果，从现在开始，立即行动起来，彻底改变这种现场不良的状况，通过大家持之以恒的共同努力，使公司的现场产生根本性质的变化，这才是寻找问题、暴露不良的根本目的。

2.3.2　处罚强度与工作积极性的关系

在日常的咨询和现场诊断工作过程中，经常看到许多公司的公示板、宣传栏上，处罚的通知单不断出现（图 2-20），而很少看到给员工奖励的通知单，处罚已经成了一部分企业进行管理的一种主要手段。

然而，在现实的工作中，处罚的强度与员工工作的积极性、主动性的关系并不是管理者想象的那样成正比关系，而是相对比较复杂的变化关系。在笔者多年的管理和被管理工作经历中，有很深的体会，如图 2-21 所示：当有一定适度的处罚时，对员工工作的积极性、主动性是有很好的促进作用的，但是，随着处罚强度的增强，员工工作的积极性、主动性增加到一定程度时，不但不

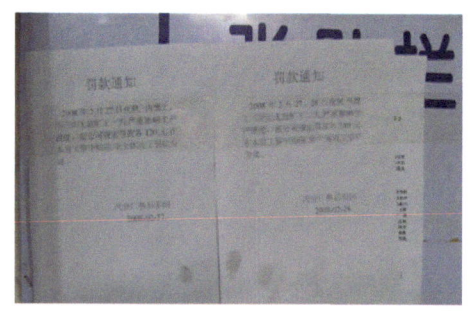

图 2-20　经常可见的处罚通知单

会继续提高，反而会随着处罚强度的进一步增强，积极性、主动性开始下降，当处罚的强度增强到员工普遍反感时，员工工作的积极性、主动性就已经降为零点，即毫无生机，死气沉沉，被动工作，不思进取。长期下去，6S 管理工作

第二章 6S推进中的意识障碍

就会形同虚设，弄虚作假成风，只做表面文章，不做实质改善，6S管理的推进就事实上宣布彻底失败。

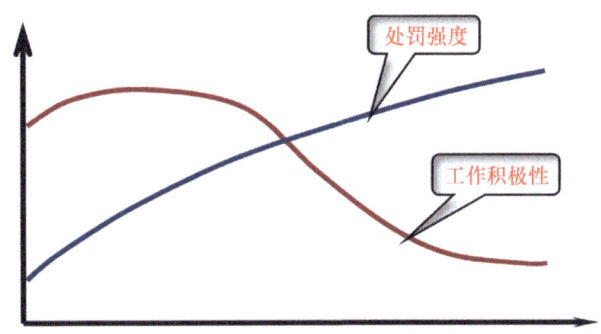

图 2-21 处罚强度与工作积极性的关系

在6S管理的推进工作中，我们并不反对有一定的处罚存在，对于那些屡教不改的员工行为，必要的处罚还是应该有的，但应以奖为主，辅之以罚，绝不能主次颠倒。

通过对6S管理推行阶段性结果的公布，对员工进行激励，在采取相应的奖励和惩罚措施的基础上，进行物质和精神激励，调动员工的积极性，有利于6S管理在企业中的深入推进。

6S管理强调有形的压力和无形的压力相结合，活动与管理相结合，不仅仅靠处罚威胁、考核。有形的压力是指考核、处罚，无形的压力是指通过看板管理、目视管理、红牌作战等方法激励员工不断地改善。

海尔在实施6S管理时创立了一种具有海尔特性的"6S大脚印"。通过"6S大脚印"（"6S自查站"）贯彻6S管理制度。

"6S大脚印"的使用方法为：站在车间内一个所有同事都能看到的地方，对当天的工作进行小结。如果有突出成绩可以站在"6S大脚印"上，把自己的体会与大家一起分享；如有失误的地方，也与大家沟通，以期待得到同伴的帮助，更快地提高。

6S管理是海尔本部实行多年的"日事日毕，日清日高"管理办法的主要内容。

其实，在海尔推进6S管理初期，"6S大脚印"（图2-22）的使用方法是与现在大有不同的，当时是每天工作表现不佳的员工要站在6S大脚印上反省自己的不足，海尔称这种做法叫"负激励"。

图 2-22 6S大脚印

这样一套在海尔本部行之有效的办法在美国却遇到了法律和文化上的困难，美国的员工根本不愿意站在什么大脚印上充当"反面教员"。6S班前会这种富有特色的海尔管理方法在漂洋过海后开始了它的本土化改变过程。"负激励"变成了"正激励"，争强好胜的欧美员工们，很乐意站在大脚印上介绍自己的工作经验。当站在大脚印上的演讲者越来越多后，车间里的烟卷和收音机也逐渐消失了踪影。

欧美6S班前会的"正激励"做法很快又传回了海尔本部。现在每天站在青岛海尔本部6S脚印上的也是表现优异的员工。

2.4 脚踏6S实地，企业就会稳步前进

2.4.1 您是用铅笔还是用圆珠笔来管理企业？

在回答这个问题之前，先听个故事：

当年美国发射航天飞机后，发现带到天上去的圆珠笔在失重状态下根本无法写字。于是，美国科学家花了好几年时间、耗费数千万美元，终于研制出了能在太空中写出字来的圆珠笔。后来原苏联也发射了航天飞机，美国人到原苏联访问时就问他们是怎样解决这个问题的。原苏联人反问美国人："为什么要用圆珠笔呢，带支铅笔不就行了吗？"

是啊，带支铅笔不就全解决了，干嘛白白浪费那么多时间和金钱呢？

可是，当我们在嘲笑美国人的时候，我们身边又有多少企业正在做着与美国人一样的事情：热火朝天地大搞质量认证体系，上ERP，推行精益生产、六西格玛等，忙得不亦乐乎，谁又会静下心来想想："我是否像原苏联人那样找到了正确的方法呢？"，"我是用铅笔还是圆珠笔来管理企业？"

这并不是说上ERP，推行精益生产、六西格玛等这些管理项目不好，而是在搞这些活动之前，要先考虑自己企业的基础管理工作做得如何，是否推行了6S管理。如果6S管理都做不好，企业基础管理不规范，那么精益生产、TPM、ERP、六西格玛等就更是做不好了。

因此，我们要求每一个企业，即使它没有开展6S管理工作，在开始实行精益生产、六西格玛等管理方法时，都应该同步推进6S管理工作，首先夯实现场管理的基础，这样企业才能把各项管理工作推向前进。

2.4.2 6S管理推进中的清醒剂

不要把6S看成是普普通通、简简单单的几个字。要提醒大家注意的是，6S管理一定要和本企业的实际情况相结合。

笔者发现经常在6S检查完毕后不久，现场就又恢复成了原来那种脏乱的本

样，原因一是员工没有养成良好的归位习惯，二是物品的定置有不合理之嫌。

举一个例子，一位工人将扳手用完放在靠近机器的小工作台上，而不是用完后放回工具台里规定的位置。当问及员工为什么不放回工具台时，回答是"放在那里使用不方便"。方便是基本原则，但常常由于管理者太热衷于按照教科书上的图片来做而被遗忘。工具定置的原则首先应是方便使用，其次才是集中摆放整齐，应该让员工自己决定工具如何合理摆放，方便使用。

许多看上去现代化的生产线有时只是为展示企业形象的，不能盲目照搬。

笔者在日本考察期间参观了许多世界著名的企业。有一次去的一家硬件条件非常好，从接收物料、高架库出入库管理、生产计划、物料搬运、生产制造等全部都是计算机控制，加之激光制导搬运车、焊接机器人、装配机器人等，显得十分现代化。在本人感叹之余，问他们集团共有几家这样的工厂时，回答说只有一家，对外做品牌宣传、展示世界一流形象用的。这些装置、设施、装备虽然看起来很美，但这些自动化的家伙投入高、维护困难、维护成本太高，有一家展示集团形象就行了，不能多用。因此，不能因为看到其他企业有优良的硬件环境就盲目照搬，高的投入，不一定有高的产出。

应该用低廉的投入、朴实的行动来赢得丰硕的6S改善成果。

要认识到：现场的管理没有最好，只有更好。社会每天都在发展进步，所以6S管理在企业内的推动也是随着公司整体水平的提高而逐步地提高的。当企业取得某一个阶段性的成果以后，应该及时地进行总结表彰，然后可以考虑进行下一个步骤。

本章读后心得体会

_____
_____
_____
_____
_____
_____
_____
_____

第三章

6S 推进的关键点

6S 管理是从日本企业的 5S 管理中将"安全"这一要素提炼出来，单独作为一个要素扩展而来的，6S 管理与 5S 管理只是名称的不同，实质内容是完全一样的，它是现代企业行之有效的现场管理方法和理念，其作用在于：提高工作效率，保证产品质量，降低生产成本，提高员工士气，使工作环境整洁有序，以预防为主，保证人身、财产的安全。

在 6S 管理的推进过程中，每一个"S"的推进都有它的关键点（图 3-1），正确理解和掌握这些关键点，有利于 6S 管理作用的真正发挥。

图 3-1　6S 的关键点

3.1　整理中深究产生不要品的原因

3.1.1　第一个 S（整理）的概念

1. 整理的定义

在工作现场和周边环境中，正确区分要与不要的物品，只保留有用的物品，撤除并及时处理所有不需要的物品。

2. 整理的目的

1）去除不必要之物品，有效地利用现有的空间，提高工作效率；

2）减少碰撞，防止物品丢失，防止将无效的物品误用、误送，减少库存呆滞品，节约资金；

3）将混乱的状态收拾成井然有序的状态，塑造心情舒畅的没有杂物的工作现场（图3-2）。

图3-2 没有杂物的工作现场

3.1.2 进行整理的要点

1. 进行整理的要点

1）将工作场所和周边环境中所有物品区分为必要物品与不必要物品，并将其严格地区分开来；

2）将必要物品与不必要物品明确地标识出来；

3）不必要的物品按规定的时间进度要求及时处理完毕。

在生产过程中经常会有一些残余的物料，待返修品、报废品，无法使用的工夹具、量具、模具，停用的机器，设备备件等滞留在生产现场，既占据了生产场地又阻碍生产的进行，如果不及时清除，会使现场变得凌乱且拥挤不堪。

2. 整理是消除浪费的一种方式

在生产现场上摆放不必要的物品就是一种浪费，因为：

1）即使宽敞的工作场所，也将愈加变窄小。

2）库房、货架、工具柜、文件资料柜等被不要的物品长期占据而减少了使用价值。

3）增加了寻找工具、零件、文件资料等物品的困难，浪费时间。

4）物品杂乱无章的摆放，增加库存管理或盘点的困难，成本核算失准。

5）零件或产品因变旧、变质而不能使用。

6）连不必要的物品也要花费时间、精力进行管理。

需整理的浪费参见图3-3、图3-4。

图3-3 堆积的杂物

图3-4 没有整理的办公桌

3. 整理的实施要领

整理的关键点：要有决心，不必要的物品应断然地加以处置。对可有可无的物品，不管是谁买的，无论有多昂贵，都应坚决地处理掉，绝不能手软！

整理的要点是：

1）在自己的工作场所（范围）内进行全面彻底的检查，包括看得到和看不到的地方，尤其是看不到的地方和看不到的物品。例如，设备的内部，文件柜的内部和顶部，桌子的底部位置；特别是设备，一些大型机械设备，它的内部是看不见的。这些都是现场检查时应特别需要注意的地方。

2）制定准确的"必要"和"不必要"的判别标准。

3）将不必要的物品清除出工作场所。

4）对必要的物品调查使用频度，决定合理的日常用量及放置位置。

5）制订废弃物处理办法。

6）每日自我检查。

3.1.3 整理中的必要与不必要标准的制定

整理中要区别必要与不必要，无用的扔掉，说起来简单，做起来不容易，没有制定必要与不必要标准，有用无用区分令人为难，因为有些东西说不清楚。清除后，又需要，到处找不着，好不容易才在废品堆中找回来，甚至出现一些好的桌椅、工具柜之类的被员工砸烂变成无用的省心了事。

因此，在进行整理前，必须制定必要与不必要的区分标准。

对于必要品，许多人往往混淆了客观上的需要与主观想要的概念，有些人在保存物品方面总是采取一种保守的态度，也就是那种以防万一的心态，最后把工作场所几乎变成了杂物间，所以对管理者能而言，准确地区分需要还是想要，是非常关键的问题。

要有正确的价值意识——"使用价值",而不是"原购买价值"观念。清理非必要品时必须把握好的是看物品现在有没有使用价值。

这箱物品(图3-5),从购买回来后就无人过问,静静地放在一角,木质的包装材料都开始腐烂,还是不知道它的归属。

在机修房里的工具柜上(图3-6),本应废弃的工作手套长期无人处理。

图3-5 未开箱的物品

图3-6 机修房里的无用物品

在整理阶段要求区分"要"与"不要"物品,判断基准是:有无必要保留在现场。即便是"不要"的物品,也不能简单的"一扔了之",要慎重考虑,要按规定的流程处理,如图3-7所示。即:一个部门不用不见得其他部门也不用,通过部门间的协调可以转到其他部门那里,从而提高物品的利用率。即便是确定要处理的东西也要进行再分类,有哪些可以作为废品卖掉,有哪些能够修旧利废进一步发挥效能,而后才把有使用潜能的东西指定地点存放、标识清楚。

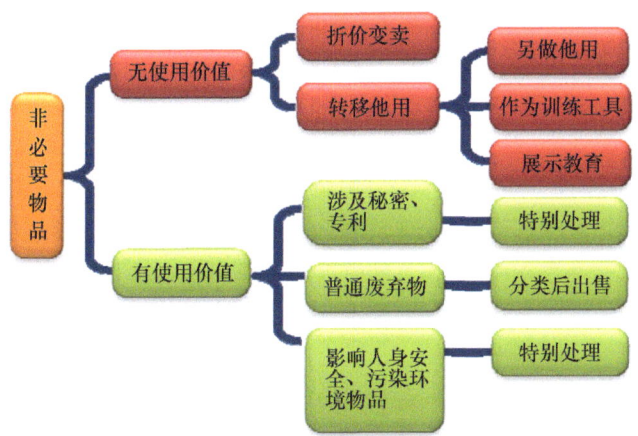

图3-7 非必要品的处理方法

至于其他部门不用、也不能作为废品处理的物品可以考虑由仓库收回,按6S的要求做出相应的处理。总之,6S工作中暗含着"节约和高效",所有事情以它为原则展开,不是简单地"一扔了之"。

还有一点就是，东西用与不用有时不是一朝一夕能说清楚的，判别时要从长远考虑，真正做到常用和偶尔用分类清楚、定置明了、标识清楚，不能误判，否则会产生新的浪费。要在慎重考虑之后，坚定抛弃的信心。

对于废弃物品的问题长远来看必须制订废弃物管理办法，从制度上将上述问题进一步手续化、纪律化，只有这样才能让整理做得更节约、更高效、更科学。

抛弃也不是简单地卖给废品回收站，而是尽可能地使处理废弃物的效益最大化。

3.1.4 养成每天循环整理的习惯

整理是一个永无止境的过程，现场每天都在变化，昨天的必需品，今天就有可能是多余的。比如你昨天拿着订书机订了一堆的书面材料，但今天你不订了，这个订书机是不是多余了，今天的需要与明天的需求必然有所不同。整理贵在日日做，时时做，如果仅是偶尔突击一下，做做样子，就完全失去了整理的意义。所以整理，是一个循环的工作，根据需要而随时进行，需要的留下，不要的马上放在规定放置处。

整理，是一个日日在做，天天要做的一项工作，是每天循环的一个过程。永远要区分出哪些是该用的，哪些是不该用的。区分出哪些是必需品，哪些是非必需品，对于非必需品要时时刻刻地进行清理。要区别开非必需品是有价值的，还是没价值的，养成一种好的习惯。整理是一个永无止境的过程，每天都要循环整理，这个企业才会不断地进步。整理好的产品见图3-8。

在处理不要物时，要制订不要物处理程序，所有待处理的物品都要经过主管部门的审核，要研究待处理物品的使用频次、待处理物品的残值、待处理物品的替换性等，在处理物品时，既要慎重，又要果断。一定要明白，该处理的物品一定要处理，要腾出物品存放的空间和消除寻找物品时带来的时间上的浪费。

在推行6S整理过程中，最大的问题就是观念的问题，比如，宁可把数十年没有用的东西堆在某个角落，也不愿意处理掉。理由是"说不定哪天就能使用，处理掉后，将来万一可以使用时，就造成了浪费"。其结果是导致许多老企业的现场经常能发现一些谁也无法准确说清楚的东西，并且日积月累占用着大量宝贵的场所。表面上看这种说法有一点道理，但仔细想想，现场有些东西堆放了数十年，撇开占用场所不说，因为大量不要物的存在，导致现场管理混乱，给日常管理、查找、清洁、安全、质量等都带来影响，真是得不偿失。

图3-8 整理好的产品

切实解决好观念问题,才能具有每天循环整理的动力。

3.1.5 深究产生不要品的原因,杜绝多余物品

在推行 6S 整理的过程中,企业的现场经常能发现一些谁也无法准确说清楚来源、用途的物品,也不知道存放多长时间了。这些花钱买来、长期存在的不要品,给企业增加了资金占用、场地占用和物品管理的负担。

特别是,如果总是清理出相同的多余物品,那必须要设法弄清为什么这些物品会重复出现,是什么原因造成的。与其在每次出现时亡羊补牢,不如未雨绸缪做好预防。只有彻底了解产生不要品的原因,才能对症下药,制定防止再发生的对策,彻底杜绝多余物品。

深究产生不要品的原因,杜绝多余物品,这是个一劳永逸的办法。

通过把系统合理化,杜绝过度生产,就不必为清理多余物品操心了。在生产中就是要变整批生产为平衡生产,变零部件的集中交货为多次小批量交货。这样一来,现场上就不会不断产生新的多余产品,现场整理的难度就会降低,效率就会提高,误装、误送的现象就会消失。

3.2 简洁、清晰、易于归位的整顿

3.2.1 第二个 S(整顿)的概念

1. 整顿的定义

整顿是把整理后留下来的必要物品(工具、器材、物料、文件、资料等)依规定位置摆放在划定的区域内,并放置整齐加以标示,以便在需要时能够立即找到。

2. 整顿的目的

使工作场所的各类物品一目了然,消除寻找物品的时间浪费;在整整齐齐的工作环境中,异常情况(如丢失、损坏)一旦发生能马上发现,便于消除过多的积压物品,消除不安全的隐患。

整顿其实也就是研究如何提高效率的科学。它研究如何能立即取得物品或放回原位。任意决定物品的摆放必然不会使你的工作速度加快,它只会让你的找寻时间加倍。必须思考分析如何拿取物品更快并让大家都能理解这套整顿系统,遵照执行。方法一旦确定,非担当者的其他人员也能明白要求和做法,不同的人去做,结果应是一样的。

3.2.2 进行整顿的要点

1. 整顿的基本要求

(1) 整顿的"3 定"原则:定点、定姿、定量。

1）定点：科学地确定物品放置的地点；
2）定姿：规定物品放置的姿态，包括用什么样的容器、容器的颜色、叠放方式；
3）定量：规定放置合适的数量，这是"3定"原则中最难执行且不好把握的。

在"定量"的环节中，要参考现场的历史数据、流转环境、工艺流程、产品特性、销售市场变化、采购周期与难易程度等来确定数量范围。图3-9所示是运输工具的定置方法。

（2）整顿的"3要素"：场所、方法、标识

1）放置场所：物品的放置场所原则上要100%设定，确保每一件物品在现场的位置都是唯一的。生产现场附近只能放真正需要的物品。

图3-9　运输工具的定置方法

2）放置方法：要易于拿取。不超出所规定的范围，要在放置方法上多下工夫，物品、文件资料的拿取时间要控制在30秒钟之内。

3）标识方法：放置场所和物品原则上一对一表示。现物的表示和放置场所的表示相一致，表示方法全公司要统一。

在公司内部尽量统一制作料盘、货架和标识牌，使物品都做到分类整齐摆放、一目了然，做到物有所位，物在其位。这样才能做到想要什么，即刻便能拿到，有效地消除寻找物品的时间浪费和手忙脚乱。

现场存放的物品越少，越容易进行整顿工作，越觉得清爽。

对于危险品标识及很多安全标识、交通标识，国家有标准图示，一定要按国家标准图示进行标识。无国家标准图示的，公司内一定要统一标准，不能各自为战。

图3-10和图3-11为两个标识实例。

图3-10　清洁用具的定置方法

图3-11　废品放置处

(3) 整顿就是能在 30 秒内拿到需要的物品

将寻找必需品的时间减少为零（只有必要的拿取时间，没有寻找时间），这就是整顿的"OK"标准，如图 3-12 所示，即：能迅速取出、能立即使用、处于能节约时间的状态。

整顿就是要实现最优的空间利用，最短的运输距离，最少的装卸次数，最确实的安全防护，最大的操作便利，最少的心情不畅，最小的改进费用，最广的统一规范，最佳而又灵活的弹性，最美的协调布局。

因此，要达到整顿的"OK"标准要求，就必须对现场的有用物品进一步分类，按照使用频度分为经常使用物品和不经常使用物品，再按表 3-1 不同使用频率物品的定置位置要求归类放置。

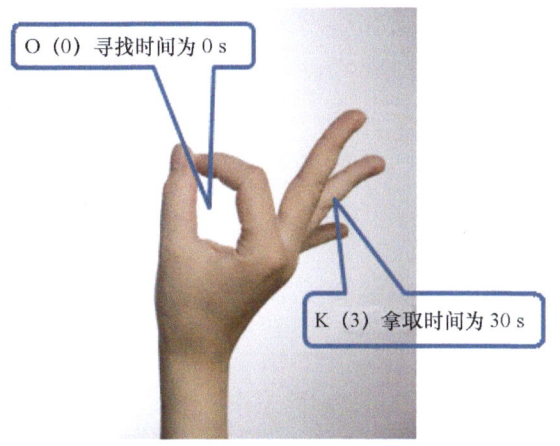

图 3-12 整顿的"OK"标准

表 3-1 不同使用频率物品的定置位置

类 别	使用频度	处理方法	备 注
经常使用	每小时	放工作台上或随身携带	
	每天	现场存放（工作台附近）	
	每周	现场存放	
不经常使用	每月	仓库存储	定期检查
	三个月	仓库存储	定期检查
	半年	仓库存储	定期检查
	一年	仓库存储（封存）	定期检查
	两年	仓库存储（封存）	定期检查
	未定 仓库存储	仓库存储	定期检查
	未定 不需要使用	变卖/废弃	定期检查

2. 暂存物品的管理

在整理过程中，清理出一些暂存物品，在整顿阶段对这些物品要进行格外的管理。暂存物品要放置在规定的区域内，暂时存放一定要有暂时的时间界限，否则，暂时就会变成长期。临时占道也要有临时时间界限。

图3-13、图3-14为某公司在进行整顿过程中暂存物品的管理方式。

在图3-14暂存物品标识中,没有看到暂时存放的时间界限,这很容易使暂时存放变成长期存放。

图3-13　暂存物品的管理

图3-14　暂存物品标识放大图

3. 整顿的实施要领

1) 前一步骤整理的工作要落实;
2) 按工艺物流设计、布置,确定需要的物品放置场所;
3) 规定放置方法、明确放置数量、要求摆放整齐、有条不紊;
4) 区域划线定位;
5) 对放置场所、物品进行标识。

3.2.3　整顿应实现的效果

整顿的结果是要实现任何人都能立即取出所需要的东西的状态,并且要站在新人、其他部门的人的立场来看,使得什么东西该放在什么地方更为明确,另外,使用后要能容易恢复到原位,没有恢复或误放时能马上知道。

清理完毕之后,用字母、号码,给每台机器及其存放地点编一醒目的大标签。整顿时,记住三个要点:

1) 什么东西;
2) 放在什么地方;
3) 放了多少。

所贴标签要能让所有人对这三个问题一目了然。开放型资料柜、工具柜和仓库比封闭的好。如果文件资料、模具和工具藏在有锁的柜子、箱子或抽屉里面,别人看不见,资料柜、工具柜和仓库很快就会被翻得乱七八糟。图3-15和图3-16就是一个清晰的办公现场。

1. 易于取用和放回物品

用斜线做出物料基准记号,使人从远处就可看出有没放乱。在所有的模具和工具上写上名称,编上号码,在各自的正确存放位置画出轮廓图。工具最好存放在与之一同使用的机器旁,并依据使用顺序摆好。把同类物品都标上一种颜色,这样一眼就能认出来。

参见图3-17和图3-18。

图3-15　清晰的办公现场

图3-16　清晰的办公现场一角

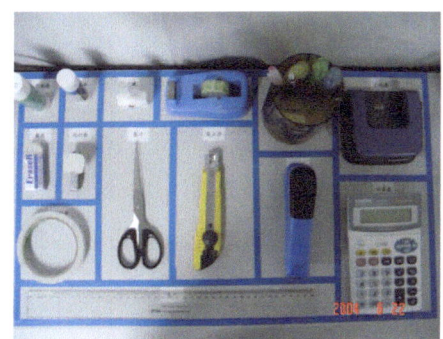

图3-17　公共办公用品的整顿

图3-18　生产现场的整顿

2. 避免混乱

有时员工也会把模具和工具放回原处,尽量把它们规整有序,但仍免不了凌乱。这时得究其原因,改变思想方法,别总想"东西很乱,我得把它整理好",应该想"东西很乱,怎么造成的?"

为什么工具柜凌乱不堪呢(图3-19)？或许可以发现以下原因:

1）放物品的地方不固定,或者定得不明确。
2）无用的物品没有及时清理。
3）没有遵守规章制度,没有养成归位的习惯。
4）存放的物品过量。
5）存放物品的方式不合理。

把少用、现在无用的多余物品放在现场是一种浪费。

整顿是整理的进一步,整顿是以整理为前提和基础的。在日常的工作过程中，要做好整顿工作，从我做起，从身边的每一件小事做起，从每一点一滴做起，做好自主管理，为创造优美的工作环境而努力。通过整理、整顿，使空间得到最佳利用。使运输距离得到缩短，减少装卸次数，确实做到安全防护。最终达到操作便利，心情舒畅，费用最少，形成统一规范、和谐的环境布局。

图 3-20 为整顿后的工具柜。

图 3-19　改善前凌乱的工具柜　　　　　图 3-20　整顿后的工具柜

将工具箱中的物品登记，见表 3-2 箱内工具表，便于细致管理。

表 3-2　箱内工具表

_____车间　_____班组工具箱

责任人		确认时间	
箱内工具一览表			

序　号	名　称	规格型号	数　量	状　态	备　注

注意事项：

3.3　清扫中的全面点检

灰尘虽小，但潜移默化，它的破坏作用却很大。灰尘的影响可以说是比较大的：

1）机器上有灰尘，就会造成氧化，就会腐蚀设备而生锈，设备磨损而出现故障。腐蚀、生锈、磨损易造成接口松动，造成脱落，零部件变形，甚至产生断裂，发生故障。

2）产品内部进了灰尘，使产品性能受到影响，产品的使用寿命也会减少。

3）员工在灰尘弥漫的场地工作，吸入灰尘进入呼吸道和肺部，职业病就会产生，影响身体健康。

所以灰尘的危害的确很大。清扫它就是要让工作岗位以及机器设备完完全全没有灰尘，清扫就是为了设备健康、产品健康、员工健康！

因此在企业里面，员工要去关心注意设备的微小变化，细致地维护好设备，为设备创造一个无尘化的使用环境，设备才有可能做到"零故障"，如果设备有灰尘，那故障自然也会相应地增加。

3.3.1 第三个S（清扫）的概念

1. 清扫的定义

清扫是指将工作场所内看得见与看不见的地方清扫干净，保持工作场所干净、亮丽的环境，同时点检细小之处，并防止污染的发生。

2. 清扫的目的

消除工作现场的脏污，保持现场干干净净、明明亮亮，稳定品质，发现问题及时排除，维持并提高设备的性能，减少工业伤害。

要勤于维护工作场地，勤于设备保养。结合实际划分出卫生责任区，并制定出相关的规章制度，督促每个组员做到"工作间隙勤清扫、下班之前小清扫、每周结束大清扫"。图3-21所示为清扫过的干净的通道。

即使没有推进过6S管理的企业，在推进6S管理之前，也都在进行着一般意义的"清扫"工作，但这种没有附有6S精髓的"清扫"仅仅只是打扫打扫卫生而已，一定不能与6S的清扫等同。

图3-21 干净的通道

3.3.2 进行清扫的要点

1. 进行清扫的基本要求

1）建立企业每个员工清扫的责任区，要做到人人参与，责任到人；

2）从全企业的大清扫开始，执行每周、每日的例行扫除，清理脏污；

3）调查污染发生源，予以彻底解决或暂时隔离；

4）对清扫困难场所要重点关注；
5）与点检、保养工作充分结合；
6）建立清扫基准，作为规范严格遵守。

清扫就是使工作场所达到没有垃圾、没有污脏的状态。虽然已经整理、整顿过，要的东西马上就能取得，但是被取出的东西要具有能被正常使用的状态才行。而达成这样状态就是清扫的第一目的，尤其目前强调高品质、高附加价值产品的制造，更不容许有垃圾或灰尘的污染，造成产品的不良。

2. 固定打扫程序

把工作场所划分成小块区域分配任务，见表3-3 检验室清扫值日表和表3-4 生产区域6S责任区域表，然后列表排定值日顺序。轮流打扫是好办法，特别是对公用区域而言。画出清洁责任图，排出打扫时间表，确定每个人的清洁时间、地点和清洁内容。把责任图和时间表挂在人人都能看得见的地方。建立起每日五分钟打扫习惯。听起来五分钟太短，做不出像样的事情，但如果打扫效率高，做出的成绩会让你大吃一惊。

表3-3 检验室清扫值日表

6S区	责任人	值日检查内容
电脑区	×××	机器设备是否保持干净，无积尘
检查区	×××	作业场所、作业台是否杂乱，垃圾桶是否清理
计测器区	×××	计测器摆放是否整齐，柜面是否保持干净，柜内有无杂物
休息区	×××	地面无杂物，休息凳摆放是否整齐
夹具区	×××	夹具摆放是否整齐，夹具是否保持干净
不良品区	×××	地面无杂物，除不良品外无其他零件和杂物存放
零件规格放置区	×××	柜内零件规格摆放整齐，标识明确
文件柜及其他	×××	文件柜内是否保持干净，柜内物品是否摆放整齐

备注：① 此表的6S区是由担当者每天进行维护；
② 下班前15min开始；
③ 其他包括清洁器具放置、柜、门窗、玻璃。

表3-4 生产区域6S责任区域表

6S责任区			
编号	区域间	责任部门	责任人
C001	车间管理看板	生产组	×××
C002	打毛刺工作区	毛刺班	×××
C003	清理工作区	清理班	×××
C004	清洗工作区	清洗班	×××
C005	半成品存放去	生产组	×××
C006	休息区	毛刺班	×××

(续)

6S 责任区			
编　号	区 域 间	责 任 部 门	责 任 人
C007	卫生间	清理班	×××
C008	通道	生产组	×××

　　清扫工作推进到一定程度后，就是要逐渐减少专职清洁工的人数，把清扫工作融入到员工们的日常工作中。每日定时的清扫工作参见图3-22、图3-23。

 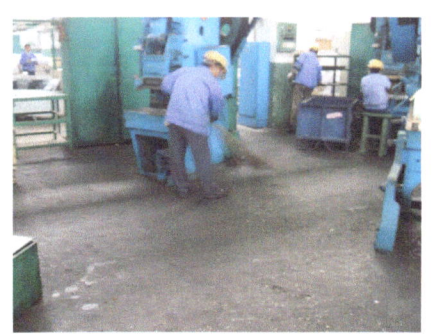

图 3-22　每日定时的清扫工作（一）　　　　图 3-23　每日定时的清扫工作（二）

3. 维持清洁效果

　　风、水、油、工作服、鞋底、轮胎（如各式叉车轮胎）等都能使全厂尘土飞扬。除非消除成因，不然尘土必定从天而降。要采取对策防止尘土破窗而入，双层玻璃和聚乙烯窗帘可解决问题。采用不产生尘土的生产手段，如无屑钻法。

　　清扫工具的定置放置方法参见图3-24。办公室卫生检查表参见表3-5。

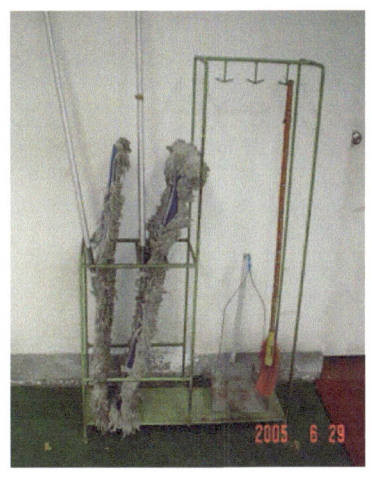

图 3-24　清扫工具的定置放置方法

表 3-5 办公室卫生标准表

序号	项目	检查标准
1	办公桌椅、台柜、壁柜、储物柜	1. 办公桌椅、台柜、壁柜擦拭干净无灰尘、污垢，明确保养责任人
		2. 办公桌、文件夹等资料物品用具摆放整齐
		3. 电脑、打印机无积尘，桌椅、文件柜无积尘
		4. 壁柜、储物柜物品摆放整齐、归类放置，无杂物
		5. 台柜、壁柜放置物品有标示且与存放的内容一致
		6. 下班时，桌面清理整齐干净
2	地面、墙壁、窗台	1. 地面、角落清扫干净无积尘、纸屑
		2. 玻璃无破损、无积尘
		3. 窗帘、窗台干净无积尘
		4. 墙壁无蜘蛛网、手脚印、乱张贴
		5. 墙壁无乱涂乱画，悬挂物整齐、端正
3	文件	1. 分类存放、标识清楚
		2. 不要的旧文件、资料应及时处理
		3. 能随时取出必要的文件
		4. 文件夹有标示且与放置内容一致
4	水、电	1. 灯管、空调、开关盒等无异常、积尘
		2. 电线、线槽紧固，电闸有线路标示，相关电线整齐、无乱接线现象
		3. 电制开关下面无堆放物品
		4. 茶杯放置整齐，水池无浮油、茶叶等杂物
5	电话	1. 有明确管理责任人
		2. 保持干净
		3. 电话机上有本机号码标识
6	人员	1. 服装穿着整洁，不允许穿拖鞋进入办公室
		2. 仪表干净、态度和蔼、谈吐礼貌
		3. 工作认真，不闲谈、不打瞌睡
7	卫生间	1. 洗手台干净、无杂物，水池无咖啡渣、茶叶等杂物
		2. 地面干净且无积水，纸巾扔在纸篓里并及时清理
		3. 相应的清洁用具堆放整齐并保持干净
8	其他	1. 雨具放置在规定的位置
		2. 屋角、楼梯间无杂物堆放
		3. 办公室公告栏应张贴最新公告及通知
		4. 私人物品按规定存放整齐

4. 重视清扫困难场所和污染发生源

清扫困难场所是清扫工作的死角，容易被忽视，每次检查时，这些困难场所的卫生状况都不尽如人意，在做清扫工作时要给予高度重视。

污染发生源是清扫工作中最难处理的的工作场所，要采取专门对策加以分析、解决。

污染发生源，主要是由于"跑、冒、滴、漏"等原因所造成的。

1）跑：液体和气体如果从容器或管道里意外流出来了（量大），就是"跑"，其表现形式主要是：管道和容器破裂、进出口的开关失灵。

2）冒：容器里的液体冒出来了，一般的情形是容器的出口和进口的流量调节没有控制好，盛装液体时，该关的时候没有关，该放的时候没有放，液体就从容器中冒出来了。

3）滴：管道与管道、管道与容器、管道与阀件等之间接口处，以及管道、容器、阀件等自身，如果密闭性不严密，就会出现"滴"的问题（量非常小）。

4）漏：一般是指容器、管道的密闭性不好，或者是开关处没有关好，导致液体或气体从缝隙或裂口处流出（量小）。

即使每天进行清扫，这些油脂、灰尘或碎屑还是四处遍布，要彻底地解决这个问题还需要查明污垢的发生源，为什么会经常地滴油、漏气、冒烟，从根本上去解决问题。必须通过每天的清扫，查明冒烟、滴油、漏油、漏水的问题所在。随时查明这些污染的发生源产生的根源，从源头去解决问题。要制订污染发生源的明细清单，按照计划逐步地去改善，将污染从源头上根除。

5. 最高领导要以身作则

清扫需要每一个人都去参与，责任也要落实到每一个人。清扫与点检、检查、保养工作要充分地结合，杜绝污染源，最终要建立清扫的基准。

一个企业的成功与否，关键就在于领导。如果领导能坚持参与其中，大家都会很认真地对待这件事情，很多公司推行 6S 管理，是靠着行政命令去维持，缺少的就是领导的以身作则，人人参与。所以，公司所有的部门、人员，特别是所有的高层领导、董事长、总经理，都应该一起来做好这项工作。

3.3.3 清扫即点检

1. 清扫的过程就是点检的过程

这就是我们常讲的"清扫即点检"。对设备进行认真清扫是一个和设备进行"亲密接触"的过程，通过清扫把污秽、灰尘尤其是原材料加工时剩余的那些东西清除掉，这样磨耗、瑕疵、漏油、松动、裂纹、变形等问题就会彻底地全部暴露出来，也就可以采取相应的弥补措施，使设备处于完好整洁的状态。在清扫过程中很容易发现设备的一些不良现象，如异常的发热、振动、噪声、滴漏油、微小裂纹、螺钉松动、电线变形发黄等。对这些不良现象的及时处理是非常必要的。

在开展 TPM 管理活动时，把灰尘、脏污、异音、松动、小裂纹、腐蚀等现象叫作"微缺陷"，就是虽然目前并未直接导致故障但存在劣化现象的隐患之处。为什么？因为看似细小的地方往往潜藏着很多隐患。其实 6S 管理就是从现场环境和习惯意识上防微杜渐，消除隐患。小洞不补，大洞吃苦！

图 3-25　螺栓的防松表示

螺栓的防松表示如图 3-25 所示。

2. 防患于未然

对清扫中发现的问题，要及时进行修复。如地板凹凸不平，搬运的车辆走在上面会让产品摇晃甚至碰撞，导致发生质量问题，这样的地板就要及时地整修。对于松动的螺栓要马上紧固，补上丢失的螺钉、螺母等配件，对于那些需要防锈保护、润滑的部位要按照规定及时地加油或保养。更换老化的或可能破损的水、气、油等各种管道。只有通过清扫，才能及时发现工作场所的机器设备，或一些不容易看到的地方需要维修或保养，及时添置必要的安全防护装置。比方说，防电的鞋、绝缘手套等，要及时地更换绝缘层；已经老化或被老鼠咬坏的导线，要及时地更换并予以处理。

整齐和清洁反映了全面效率。

预防标准化在于充分运用 6S 管理的预防步骤：

1）预防性清除；

2）预防性整顿；

3）预防性打扫。

需要了解工厂的弱势所在，全力以赴去改进它们，发扬光大工厂的强项。通过掌握 6S 管理的前三个要点及加强标准化，工厂就能成为典型的 6S 优秀工厂。

清扫，按照传统的观念，就是把垃圾扫起来，把脏的地方弄干净就是清扫。但是，现代企业所需要的不是这种表面上的工作。清扫不仅仅是打扫，而是加工工艺中的一部分，清扫，不仅要清除"脏污"，保持工作场所内干干净净、明明亮亮，而且要排除一切干扰正常工作的隐患，防止和杜绝各种污染源的产生。因此，清扫要用心来做，必须人人动手，认真对待，保持良好的习惯。

每个人见到干净的草坪（图 3-26）都会心情愉快。

第三章 6S推进的关键点

图 3-26　干净的草坪

3.4　清洁是标准、制度的建立和执行

清洁，是一个企业的企业文化建设开始步入正轨的一个重要步骤。要成为一个制度必须充分利用创意，改善和全面标准化，从而获得坚持和制度化的条件，提高工作的效率。

3.4.1　第四个S（清洁）的概念

1. 清洁的定义

将上面的3S实施制度化、规范化，并贯彻执行，维持3S实施的成果，不断提升，使之达到更高更好的境界。

2. 清洁的目的

通过制度化来维持上面3S的成果，使员工觉得整洁、卫生。

清洁有"不要放置不用的东西、不要弄乱物品、不要弄脏环境"的"三不要"要求，也就是维护清扫后的场区及环境的整洁美观（图3-27），使得每一位员工感到干净、卫生而产生无比的干劲。

看到图3-27所示的整洁的办公室每个人都会心情愉快。

图 3-27　整洁的办公室

3.4.2　清洁的实施要领

1. 实施清洁的基本要求

1）落实前面3S工作；
2）制订考评方法；

3）制订奖惩制度，强化执行；
4）高级主管经常带头巡查，带动全员重视6S管理活动；
5）制订目视管理的基准；
6）制订6S管理实施办法。

注意点：制度化、责任化、定期检查。

6S管理活动一旦开始，不可在中途变得含糊不清。如果不能贯彻到底，又会形成另外一个污点，而这个污点也会造成公司内保守而僵化的气氛。

部分员工会认为"我们公司做什么事都是虎头蛇尾，半途而废"，"反正不会成功"，"应付应付了事"。为防止产生这种僵化的现象，最有效的正确方法只有坚持贯彻到底。

一个企业，无论是开始奋斗也好，继续努力也好，小有成绩也好，合格也好，甚至是优秀的，都要去看一看其他企业，别人是怎么做的，即使你认为自己的企业正在推动的6S管理是合格的，也不妨去看看其他优秀的企业是怎么做的。你只有不断地去效仿其他优秀的企业，然后力求改进，你的企业在推动6S管理时才会不断进步。一旦开始实施6S管理了就绝对不能半途而废，否则就会很快地退回到原来的状态。

某企业整洁的职工小家如图3-28所示。

很多企业在推行6S管理的过程中，刚开始时大家都热情高涨，全体员工、各级领导都非常重视，集会、宣传、海报、办演讲、比赛等都在具体化地实施6S管理。可是过了一段时间以后，很多企业又逐渐地退回到原来的状态。这就说明了一个问题，推动6S管理并不是某个人的事，而是每一个人的事情，领导者必须以身作则，要持续不断，坚持不懈，必须树立这样一种观念：一就是一，二就是二，对长时间养成的坏习惯，必须长时间地坚持进行改正。

图3-28 整洁的职工小家

要打破保守、僵化的现象，唯有花费更长时间来改正。

2. 制定工作场所清洁标准

制定工作场所清洁标准是为了有章可循，有法可依，只要每个人都尽心尽力，遵规守矩，工作场所就能始终保持干净清洁。窍门在于记住三"无"原则：

1）无非必需物品；
2）无乱堆乱放；
3）无尘土。

3.4.3 标准、制度的执行

1. 坚持全面清扫和检查

目标是通过有效的清扫和检查来实现无故障、无操作失误、无间歇停工的浪费。凡是和生产过程有关的东西都应弄干净并做检查。实行分片包干，定下来打扫程序，每天都必须打扫。一旦打扫和检查的办法制订成了计划，就要马上执行。

2. 维持清洁

三个要点：什么物品？放在什么地方？放了多少？

物品是否都在起应有的作用？清理工作场所和仓库的多余杂物有没有可循的标准？如有东西该清理了，谁负责把它弄走？秩序能否迅速恢复？尘土是否会马上清除？人们对整理、整顿和清扫的原则习惯到什么程度？

某企业整洁的货架如图 3-29 所示。

图 3-29 整洁的货架

3. 全公司坚持一个标准

纪律的前提是严格的标准。领导应能做建设性的批评和接受批评。一发现有秩序混乱、违反规定的蛛丝马迹，应当立即当面予以纠正，并且要做得合情合理。如工作场所明显纪律松弛，领导应当向班组长提出建设性批评意见，但不要针对一般员工。班组长对维护工作间的良好风气负有责任，他的投入会对工人产生积极影响。

4. 6S 管理的透明化的管理

推进了 6S 管理以后，它可以造成一种透明的管理。清洁虽然是一件看似简单的工作，但它是 6S 管理活动中推动透明管理的一个重要的内容。很多公司喜欢将物品放在有锁的柜子内，或者是密封的架子上，这样一来，人们不打开就看不到里面放的是什么。而这些地方，经常乱七八糟地搁置一些物品。这是一种眼不见为净的自欺欺人的行为。如果要杜绝这种状况就必须推动或推进透明管理。即拆除那些不透明的金属板、门、墙，取消锁头，安装玻璃门窗，或安装一个透明的检查窗口。

清洁不仅仅是"清净整洁"，而且还包括规范化的"美化正常"。也就是说，除了维持前 3S 的效果，通过各种目视化的措施来进行点检工作，使各种"异常"情况无所遁形并加以消除以外，更要用制度来规范员工的日常行为，让工作环境持续地保持良好的状态。

整洁的抽屉如图 3-30 所示。

图 3-30　整洁的抽屉

3.5　习惯是培养教育出来的

一个企业在推行了整理、整顿、清扫三个步骤，并做到清洁的规范化、制度化，最后让企业所有的人都养成一种习惯。因此说，整理、整顿、清扫是重要的，是提升企业形象的必备条件。所以有了清洁以后，我们还要深入一步地进行素质教育，要做到人人皆有修养。

3.5.1　第五个 S（素养）的概念

1. 素养的定义

每位成员养成良好的习惯，并遵守规则做事，培养积极主动的精神（也称习惯性），做到全员参与的程度。

2. 素养的目的

培养有良好习惯、遵守规则的员工，提高员工文明礼貌水准，即提升"人的品质"，营造良好的团队精神，使员工成为对任何工作都讲究认真的人，同时创造一个充满良好风气的工作场所。我们都知道：

心态变则态度变

态度变则行为变

行为变则习惯变

习惯变则人格变

人格变则人生变

领导干部更要以身作则，遵守规章制度，积极向上，养成良好的习惯。

培养员工好的习惯，树立不断追求高效率、高质量、低成本的思想和牢固的安全意识，同时要能持之以恒。

开展6S管理容易，但长时间的维持必须靠素养的提升才能保障。

注意点：长期坚持，才能养成良好的习惯。

3.5.2 素养的实施要领

1. 实施素养的基本要求

1）制订服装、臂章、工作帽、仪容、识别证标准；
2）制订共同遵守的有关规则、规定；
3）制订礼仪守则；
4）教育训练（全体员工的6S教育、新进人员强化6S教育）；
5）推动各种精神提升活动（晨会、礼貌运动等）；
6）遵守规章制度；
7）例行打招呼、礼貌运动。

2. 6S活动的重点：素养

从6S管理推进层次中可以看出，整理、整顿、清扫、清洁的对象是"场地"、"物品"。素养的对象则是人，而"人"是企业最重要的资源。可以通过"企业"的"企"字来分析人在企业中的重要性，"企"字是由"人"和"止"组成的，有良好习惯的"人"没了，企业也就停"止"，所以在企业经营中，人的问题处置得好，人心稳定，企业就兴旺发达。

3.5.3 如何培养教育出好的习惯

有这样一个故事：有父子俩住在大山上，经常要赶牛车下山卖柴，换回些油米酱醋茶，小日子虽然没有达到小康，但也算满足了。老父亲较有经验，坐镇驾车，山路崎岖，弯道特多，儿子眼神较好，总是在要转弯时提醒道："爹，转弯啦！"。日子就这样一天天过着。

有一次父亲因病没法赶车下山，儿子自信地叫父亲放心，便独自一人砍柴后驾车下山。到了弯道处，老牛怎么也不肯转弯，儿子用尽各种方法，下车又推又拉，用它喜爱的青草诱之，老牛还是一动不动。

到底是怎么回事？儿子百思不得其解。最后只有一个办法了，他左右看看无人，贴近老牛的耳朵大声叫道："爹，转弯啦！"

老牛应声而动。

这说明老牛用条件反射的方式活着，它在长期的上下山过程中，在儿子不厌其烦的"爹，转弯啦！"这句话中，形成了条件反射。而人则生活在习惯中。一个成功的人晓得如何培养好的习惯来代替坏的习惯，当好的习惯积累多了，自然会有一个好的人生。

父母能记得在孩子能听懂他们呼叫的名字之前，喊了他名字多少遍吗？无人能记得。父母们只是每天都在不厌其烦、满怀喜悦、充满希望地喊着、叫着（不断地教育）。

在日常的6S管理工作中，公司要专门举办6S管理知识和班组管理的培训，从而达到改造人性，提高道德品质的目的。

员工，就好像是一张白纸。有这么一句话，"近朱者赤，近墨者黑"，及时地进行强化教育是非常必要的。如果一个企业到处乱糟糟的，东西随便乱放，通道不畅通，这样的工作环境根本留不住人才。一个企业对一个员工进行教育培训，就是告诉员工，要创造一个好的企业，公司从上到下的每一个人都应该严格遵守规章制度，形成一种强大的凝聚力和向心力。

总之，6S管理活动是种人性的素质的提高，道德修养的提升，最终目的在于"教育"人。

"教育"行在"教"重在"育"。

一时养成的坏习惯要花数倍的时间去改正。

经过6S管理的推进企业干净整洁了，但务必长期保持下去，要把这些看成6S管理活动的开端，不能志得意满，要努力使6S管理活动成为习惯。

素养不但是6S管理的最终结果，更是企业界各主管期盼的终极目标。在6S管理活动中，要不厌其烦地指导员工做整理、整顿、清扫、清洁，其目的不仅仅在于希望员工将东西摆好，设备擦拭干净，更主要的是在于通过细琐、简单的动作，潜移默化地改变气质，养成良好的习惯，进而能依照规定的事项（厂纪、厂规、各种规章制度，标准化作业规程）来行动，变成一个有高尚情操的真正优秀员工。

古人云：一屋不扫，何以扫天下？良好的行为修养，就是从每一件小事做起。"勿以善小而不为；勿以恶小而为之"，如果一个企业、一个团队的每个成员都能养成很好的习惯，完成6S管理制订的目标，遵守共同约定的事项，那么，这个企业将会不断地蓬勃发展。

3.6 安全重在预防

安全第一，预防为主！这是在进行安全教育时必须重点讲述的一个要点。那么，怎么在日常工作中时刻提醒要重视、记得这一思想呢？回顾一下2008年"5.12"汶川地震中的一个典型事例：史上最牛校长——叶志平（图3-31）。

"我们学校，在大地震中，学生无一伤亡，老师无一伤亡。"这所学校名叫安县桑枣中学，与汶

图3-31　史上最牛校长——叶志平

川大地震伤亡最为惨烈的北川县毗邻。

据报道，这所在大地震中没被"震倒"的学校全靠一位名叫叶志平的校长加固了"豆腐渣"教学楼，4年坚持组织学生紧急疏散演习。网友们称其为"史上最牛校长"，号召"各地校长好好向叶志平校长学习，借鉴一下桑枣中学的成功经验。"

四川安县桑枣中学紧邻北川，在此次汶川大地震中也遭遇重创，但由于平时的多次地震预防演练（图3-32），地震发生后，全校2200多名学生、上百名老师，从不同的教学楼和不同的教室中，全部紧急疏散到操场，以班级为组织站好，用时1分36秒，无一伤亡，创造了一大奇迹。桑枣中学校长叶志平，是四川省优秀校长，他担任校领导后，下决心花40万元将造价才16万元的一栋"豆腐渣"实验教学楼进行了彻底的加固，消除了隐患；更为主要的是，从2005年开始，他每学期都要在全校组织一次紧急疏散演习，每学期一次从不间断，工作做得非常仔细，每个班的疏散路线、楼梯的使用、不同楼层学生的撤离速度、到操场上的站立位置等，都事先固定好，力求快而不乱，井然有序。

图3-32 学校的地震预防演练

很显然，桑枣中学创造的奇迹得归功于该校每学期组织一次的紧急疏散演习。尤其令人震惊的是，此次逃生的过程、模式及结果与演习一模一样，此种经验值得每位校长、每所学校学习。

桑枣中学之所以躲过劫难，原因就是有着强烈的安全预防意识。应该说，当今多数校长是有风险意识的，尤其是那些不定期组织学生进行紧急疏散演习的校长，但说不上强烈，他们更多是秉承上级教育部门的旨意行事，尚未把学生的安全预防工作放在应试教育之上。叶志平则是自觉把学生的生命安全看得高于一切，其强烈的安全预防意识，值得我们深思。

3.6.1　第六个S（安全）的概念

1. 安全的定义

重视全员安全教育，每时每刻都有安全第一的观念，防患于未然，严格遵守安全规则。

2. 安全的目的

建立健全各项安全管理体系，建立起安全生产的环境，所有的工作应建立在安全的前提下，调动全员消除安全隐患。

应定期进行安全检查（图 3-33）。

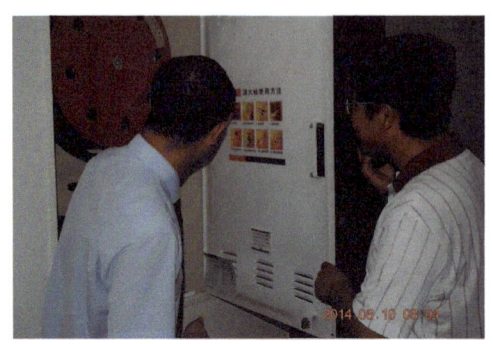

图 3-33　安全检查

3.6.2　制订安全防范措施的依据和原则

1. 安全主要有以下两个方面

（1）劳动安全

劳动安全是组织关注的一个焦点，企业要尽量减少直至杜绝安全事故的发生。如：消防安全、化学品的伤害、转动的机器对人的伤害、掉物伤人等。

（2）产品的安全性

企业要充分考虑到产品安全对员工、客户、使用者及环境造成的影响，该采用何种防范措施。

2. 安全防范措施的制定原则

1) 安全第一，预防为主；
2) 操作前思考 30 秒；
3) 提供适用的劳保用品；
4) 提供适宜的工作环境；
5) 在相关的文件或现场使用警示标志；
6) 通过培训提高员工对劳动安全与产品安全性的认识程度；
7) 产品安全性可通过潜在失效模式与后果分析进行识别；
8) 员工应爱护公共物品，收藏好本职工作使用的重要物品，以防丢失；
9) 员工应遵守公司《保密制度》，确保公司各种资料的安全。

安全防范措施在生产现场的应用很多，如图 3-34 ~ 图 3-39 所示的现场。

第三章　6S推进的关键点

图 3-34　现场的安全防护及标示（一）

图 3-35　现场的安全防护及标示（二）

图 3-36　现场的安全防护及标示（三）

图 3-37　现场的安全防护及标示（四）

图 3-38　现场的安全防护及标示（五）

图 3-39　现场的安全防护及标示（六）

3. 安全教育

对可能发生的事故，包括触电、剐伤、捅伤，油漆的腐蚀，物品下落的扎伤、灼伤等不安全因素，进行警示并进行全员教育。

3.6.3　安全为何重在预防

魏文王问名医扁鹊说："你们家兄弟三人，都精于医术，到底哪一位最好呢？"

扁鹊答："长兄最好，中兄次之，我最差。"

文王再问:"那么为什么你最出名呢?"

扁鹊答:"长兄治病,是治病于病情发作之前,由于一般人不知道他事先能铲除病因,所以他的名气无法传出去;中兄治病,是治病于病情初起时,一般人以为他只能治轻微的小病,所以他的名气只及本乡里;而我是治病于病情严重之时,一般人都看到我在做经脉上穿针管放血、在皮肤上敷药等大手术,所以以为我的医术高明,名气因此响遍全国。"

对于安全问题,就是要像扁鹊的长兄治病一样,治病于病情发作之前。

事后控制不如事中控制,事中控制不如事前控制,可惜大多数的企业经营者均未能体会到这一点,等到安全事故造成了重大的损失时才寻求弥补,而往往结果是于事无补,损失已既成事实。

6S使一切都处于管理之中,营造出"对错一目了然"的现场环境和氛围,可及时发现安全问题。

让我们来看看未推进6S管理的企业如何管理灭火器的吧,如图3-40、图3-41所示。

图3-40 现场管理不善的灭火器(一)

图3-41 现场管理不善的灭火器(二)

让我们再来看看推进了6S管理的企业如何管理灭火器的吧,如图3-42、图3-43所示。

图3-42 现场管理良好的灭火器(一)

图3-43 现场管理良好的灭火器(二)

第三章　6S推进的关键点

在进行灭火器的整顿时，有些企业的灭火器放置在灭火器箱内，贴上"火警时启用"的封条，如图3-44、图3-45所示，使对灭火器日常的点检工作无法进行，根本没有对灭火器进行日常点检，即便是灭火器失效也不知道。当发生火灾时，打开封条，面对着的是一个过期无效的灭火器，彼时将无法实施灭火。

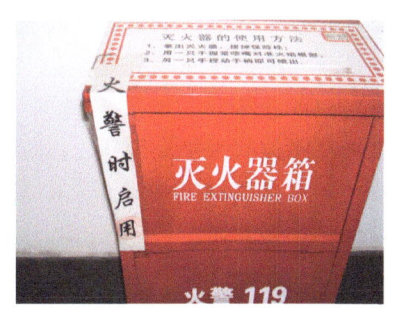

图3-44　现场管理误区的消防设施（一）　　图3-45　现场管理误区的消防设施（二）

3.6.4　安全从班组抓起

班组是处于企业生产第一线的基层组织，是控制各类事故的最前沿阵地，是企业能否实现安全生产的基础。国家有关安全生产的方针、政策、法规、条例等最终都要在班组里落实。企业生产管理中的一系列安全措施、控制措施，都要依靠班组长组织员工具体实施。设备设施都要由班组员工去正确操作和维护。总之，整个企业要靠班组来维持正常安全运行。

从近几年生产中发生的安全事故原因分析来看，多是由于班组安全意识淡薄、安全管理不到位、安全制度不落实造成的。因此，班组是企业安全管理的落实点，只有不断加强班组安全管理，才能最大限度地减少或杜绝事故的发生。

安全工作从管理抓起，管理工作从基础抓起，基础工作从班组抓起，切实加强生产第一线基层管理人员的安全生产意识和提高安全生产管理技能水平是推进6S管理的出发点，参见图3-46。

要在生产第一线建立安全文明的生产保证体系。

安全文明生产是实施现场管理的基本要求。建立安全文明生产保证体系要做到：劳动纪律、工艺纪律严明，生产井然有序，环境清洁，设备工装保养精良，场地、工位器具布置整齐、合理，厂房通风照明良好。安全文明生产保证体系要明

图3-46　现场班组安全管理

确规定车间或工段工序直至每个生产岗位的任务、职责、权限和工作标准。

班组安全管理的常用规范：

1. 在岗人员 10 个必须遵守

1）必须树立"安全第一"的思想；

2）必须穿戴好劳动保护用品；

3）必须严格按照规程操作；

4）必须服从领导听指挥；

5）在岗位时必须勤瞭望、勤联系；

6）工具必须对号入座，放在指定位置；

7）必须坚守岗位；

8）必须保持岗位文明卫生；

9）发现隐患必须及时报告；

10）必须严格执行交接班制度，并办好交接手续。

2. 操作人员 6 个严格遵守

1）严格进行交接班；

2）严格进行巡回检查；

3）严格控制工艺指标；

4）严格执行操作票；

5）严格遵守劳动纪律；

6）严格执行有关安全规定。

3. 班组生产调度"五不准"

班组长在生产调度过程中，应严格执行下列"五不准"。

1）危险作业未经审批，不准作业；

2）设备安全防护装置不全、不灵，不准使用；

3）新工人未经三级安全教育，不准上岗；

4）特种作业人员未经安全培训、取证，不准独立操作；

5）劳动组织、人员调配、作业方式不符合安全要求，不准违章指挥。

4. 进入容器、设备 8 个必须

1）必须申请，并得到批准；

2）必须进行安全隔绝；

3）必须进行置换、通风；

4）必须按时间要求，进行安全分析；

5）必须佩戴规定的防护用具；

6）在容器外必须有人监护；

7）监护人员必须坚守岗位；

8）必须有抢救设备和措施。

5. 下班离岗前 10 要

1）电闸要拉下断开；

2）门窗要关严锁牢；

3）热源处不堆放易燃易爆物品；

4）怕光照的物品要遮盖好；

5）液流开关要关闭；

6）各种用具要清点后收齐放好；

7）易燃易爆物品要注意通风良好，不得超量存放；

8）夏季防雷、防雨设施要保证完好，沟渠要保持畅通；

9）冬季取暖设备的泄水阀要保持正常；

10）火种要妥善处理好。

事故和失误的数量要通过系统化的教育和严肃纪律而减少，创造一个安全生产的环境，在这种环境里工作自然而然地按正确方法进行。

大部分企业，都有安全专项检查，因为大家都清楚，安全永远是最重要的。

本章读后心得体会

第四章

进行 6S 管理深化的技巧

4.1 6S 推行步骤的改善

掌握了 6S 管理的基础知识,尚不具备推行 6S 管理活动的能力,因推行步骤、方法使用不当导致事倍功半,甚至中途夭折的事例并不鲜见。因此,在推行 6S 管理活动中,掌握正确的步骤、方法是非常重要的。

图 4-1 所示为优秀的现场一。

但目前各公司的 6S 管理推行步骤基本是参照现有的 5S/6S 管理书籍上的方法来实行的,这些方法表面轰轰烈烈、热热闹闹,实际形式主义色彩浓厚,不符合企业的实际需求。在此根据笔者在企业推进 6S 的实际经验,本着实用的原则,确立了 6S 管理办法推行的十大步骤。

图 4-1 优秀的现场一

4.1.1 6S 管理办法推进的十大步骤

1. 步骤一:成立专门的推进组织

(1) 成立 6S 推进办公室(或 6S 事务局)

反对成立形式化的 6S 推进组织。

在企业推进 6S 管理初期,只成立 6S 管理推行办公室(或 6S 事务局),不要成立流于形式的推行委员会。根据企业规模大小,6S 管理推行办公室(或 6S 事务局)设 1~3 人不定,是企业常设机构、永存机构。

几乎所有的企业在推进 6S 管理时,都纷纷成立 6S 推行委员会,在现有已发行的 6S 管理书籍和咨询公司的培训辅导中,也都要求成立 6S 推行委员会。

可是,回过头来看看,很多企业在此之前成立的一系列委员会,诸如安全委员会、质量委员会、生产委员会、计划生育委员会、保密委员会等，它们与公司现行管理机构重叠、职责重叠、人员重叠，实际上根本没有起到应有的作用，形同虚设。

成立 6S 推行委员会还会使公司员工感到 6S 是本职工作以外的工作，是临时的工作，是一场运动，是在完成自己的本职工作以后，再进行的工作。

因此，推进 6S 管理活动不能步其后尘，可以不成立 6S 管理推行委员会，只设有实质工作职责的 6S 管理推进办公室（6S 事务局），并且，既然 6S 管理是企业日常工作的一部分，在企业现有的组织机构的职责中，每一个职位、每一个人员的工作就应该包含 6S 管理职责，6S 管理推进办公室（6S 事务局）应设定为公司组织机构中不可缺少的一分子，是永存机构。

并且，推行组织尽量扁平化，以便信息传递效率更高、更有效。

图 4-2 所示为优秀的现场二。

（2）6S 推进办公室（或 6S 事务局）职责确定

负责公司全权的 6S 管理工作：相关文件（6S 工作计划及实施方法、管理制度、检查标准、考核制度等）起草、公司各部门工作协调、检查、督办、评比、教育、指导和参与持续改善。

对 6S 推进办公室主任的基本要求是：对 6S 管理活动的好处深信不疑，要有很强的工作责任心，要有威信，不怕得罪上级、同事、好友，对企业有较为全面的了解，自身综合素质较高，有较强的沟通能力，要有主见和热情，甚至要有一定的影响力或号召力，对产品、技术、质量、工艺、设备、生产现场、物流甚至采购销售较为熟悉，能为公司各部门 6S 管理的推进出谋划策，他应是"杂家"，而不是"专家"。

图 4-2　优秀的现场二

当然，一定要有上级领导的坚定支持，6S 推进办公室主任的一张一弛，会对公司的 6S 管理工作效果的波动起伏产生很大影响。

2. 步骤二：从高层、中层逐步到基层，由上而下地进行全公司 6S 理念及基础理论的培训

（1）选送骨干力量到较好的 6S 管理咨询公司学习

理论和实战经验丰富的 6S 管理咨询公司可以给企业带来实用性较强的方法和事例，使企业在 6S 管理的推进过程中少走弯路，使现场的改善效果在尽可能短的时间内体现出来。

（2）请 6S 管理咨询公司的咨询师到企业现场进行诊断，并结合本企业实际

情况进行从高层、中层逐步到基层的 6S 理念及基础理论的培训。

从高层、中层逐步到基层，由上而下地进行培训，目的是要首先改变领导层的思想意识，逐步转变他们的观念，树立他们推进 6S 管理的信心，高层领导的支持、中层领导的督促、基层干部的行动对企业 6S 管理活动的推进效果有着致命的影响。

图 4-3 所示为优秀的现场三。

图 4-3　优秀的现场三

3. 步骤三：全面彻底、细致的摸底检查

由 6S 推进办公室（或 6S 事务局）牵头，组织相关部门对全企业各部门、所有区域进行全面彻底、细致的摸底检查，了解公司的人员构成、场地清洁卫生状况、物品类别、物品放置区域和方式、物质流动形式、设备布置方式、产品工艺、厂房结构、仓库状况、各种浪费等实际现状，对照 6S 管理的要求，找出差距。

全面彻底、细致的摸底检查是具体 6S 改善行动的基础，只有全方位的了解现实状况，才能清楚认识到自己的不足。

4. 步骤四：拟定 6S 推进目标（不设空洞的推行方针）

先预设定 6S 期望的目标，便于活动过程中有明确努力之方向，有利于活动之成果的对照检查。

目标制定示例：

1）有来宾到厂参观时，不必事先临时做准备。

2）物品、资料可在 30 秒钟内拿取到。

3）零件从毛坯到成品生产时间缩短 20%

目标的制定必须要同企业的具体情况相结合，可以设阶段性目标，逐步实现，但不能设置可望而不可即的目标，也不能设置轻松就能实现的目标。

图 4-4 所示为优秀的现场四。

图 4-4　优秀的现场四

5. 步骤五：拟定 6S 管理推进工作计划及具体实施办法

1）拟定 6S 管理推进日程计划是作为推行及控制的依据。在拟定 6S 管理推进日程计划之前，先收集资料并借鉴其他企业的做法，结合本企业实际情况，做出逐步完善的 6S 管理推进日程计划。

2）制定 6S 活动具体实施办法。该活动实施办法一定要细化，具有可执行性和可操作性。

3）制定要与不要物品的区分标准和方法，制定不要品的处理方法和程序。

4）制定 6S 活动检查标准。

5）制定 6S 活动评比和奖惩办法。

6）划分各行政单位 6S 责任区

每一个行政单位（细到班组）都必须有 6S 责任区，每一个员工都必须有 6S 责任区，全公司的每一个角落都必须落实到人头上。

大的工作一定要有计划，以便大家对整个过程有一个整体的了解。项目责任者清楚自己及其他担当者的工作是什么及何时要完成，各部门相互配合造就一种团队作战精神。

图 4-5 所示为优秀的现场五。

图 4-5　优秀的现场五

6. 步骤六：日常 6S 培训教育

由 6S 推进办公室（或 6S 事务局）进行组织和培训。

（1）分部门对全体员工进行教育培训

日常 6S 教育培训内容有：

1）公司 6S 管理的内容及目的

2）公司 6S 管理推进计划及实施方法

3）6S 管理的检查要求及评比、奖惩方法

4）公司产品技术和工艺、质量管理方法

5）定置管理、目视管理等工具的运用，6S 改善思维和技巧等。

6）安全教育

（2）新进员工的 6S 教育培训

6S 管理相关内容的教育培训，是新进厂员工入厂教育必不可少的内容，在他们进入现场之前，了解公司的 6S 管理办法，有利于他们遵守公司的有关规定。

教育是非常重要的，能让员工了解 6S 活动给工作及自己带来的好处从而主动地去做，与被别人强迫着去做其效果是完全不同的。教育形式要多样化，讲课、放录像、观摩他厂案例或学习样板区域等。

图 4-6 所示为优秀的现场六。

7. 步骤七：实施 6S 推进计划

1）全面清理公司各个角落的物品，用要与不要的物品区分标准、处理方法

和程序，彻底解决不要品。

2）开展一次彻底的工厂"洗澡"活动（全体员工上上下下进行彻底大扫除），清除陈年积垢，修理破损的房屋、物品（如设备、设施、货架、周转箱、周转车、工具柜、文件柜、办公桌椅等）。

3）运用定置管理、目视管理等工具，科学地确定需要物品的存放区域并画线，标识清楚。

4）在 6S 管理活动推进到一定时机时，开始运用定点摄影、红牌作战等工具对 6S 现场改善进行进一步的推进、成果巩固。

图 4-6　优秀的现场六

5）运用 IE 手法、新旧 QC 七大工具等，不断对现场进行改善。

在 6S 管理活动中，适当地导入 QC 手法、IE 手法是很有必要的，它能使 6S 活动推进得更加顺利、更有成效。

图 4-7 所示为优秀的现场七。

图 4-7　优秀的现场七

8. 步骤八：查核及奖惩

1）做成"6S 日常检查确认表"，由 6S 推进办公室牵头，组织相关部门对公司各部门进行定期和不定期的检查。

2）对检查中发现的问题点质疑要做出解答，对问题点要做出整改对策并实施。各责任部门必须依据问题点项目进行逐步改善，不断提高。同时强化各责任部门的自我检查、自我完善、自我提高。

3）依 6S 活动管理办法进行评价，督促各责任部门实施改善并进行相应的奖惩。监督检查要与考核结合起来，不能流于形式。

9. 步骤九：检讨与修正

各责任部门应善于检讨现状，在反复检查、对策、改善中不断提高现场的质量。要善于总结，在不断的自我完善中提高对 6S 管理的认识。

每年年底召开一次年度 6S 改善总结大会，总结一年来在 6S 管理活动中的得与失，经验与教训，对好的改善项目要进行广泛推广，对在 6S 管理活动中表现出色的人员给予精神和物质方面的表彰。

10. 步骤十：将 6S 管理活动纳入企业的日常管理活动中

1）6S 管理活动标准化、制度化的不断完善。

2）实施各种改善活动，运用 PDCA 循环的方法，不断巩固改善成果，防止走回头路。

需要强调的一点是，企业因其背景、架构、企业文化、人员素质的不同，推行 6S 时可能会有各种不同的问题出现，推进办公室要根据实施过程中所遇到的具体问题，采取可行的对策，才能取得满意的效果。

6S 管理推进图如图 4-8 所示。

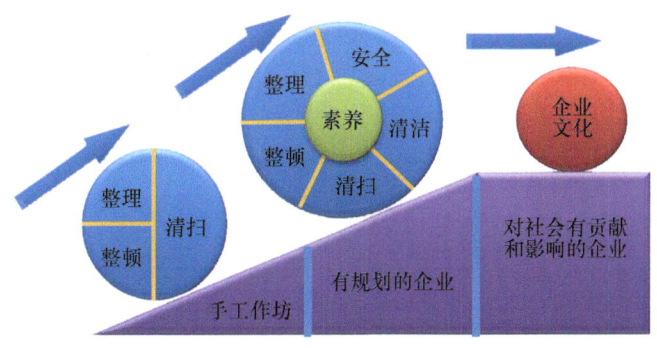

图 4-8　6S 管理推进图

4.1.2　6S 管理推进中的要点

1. 过程管理控制和督导是推进成功的重要保证

6S 的魂在于过程，而不在于结果。按照 6S 推进的步骤，再借鉴成功的经验，牢牢地抓住过程质量，必然产生高质量的结果。因为不好的习惯不会在缺乏监督和指导的一夜之间形成良好的习惯，良好的习惯缺乏严密的过程控制也不会长久，甚至会变异。

2. 结果的验证、考核和科学的奖惩是推动 6S 车轮不断向前的动力来源

任何缺乏结果检测、成绩考核及奖惩的事情都不会成功，即使成功，也不

会长久。

6S 是管理的基础，更是推行其他管理方法的基础，推行 6S 管理应该抱着规范、专业的态度和精神去做事。

企业各部门应充分领会企业的管理思路和精神，认真准备，积极配合，精心组织，稳妥、规范、专业推行，让全员都积极行动起来，使活动取得预期的效果。

图 4-9 所示为管理细致的现场。

图 4-9　管理细致的现场

4.2　6S 管理活动的简约化

在企业开展 6S 管理活动的推进过程中，由于形式主义和急功近利的原因，6S 管理活动从内容到形式上都变得愈来愈复杂化。很多管理顾问公司甚至用 ISO 9000 的推进形式来指导企业开展 6S 管理活动，造成文件多、程序多、表单多、记录多、签字多，形式大于内容。

笔者希望在企业开展 6S 管理活动的推进过程中，进行 6S 管理活动的瘦身运动，使 6S 工作常态化，将其融入日常的工作之中，不要给员工有特殊活动的感觉。

4.2.1　减少 6S 管理活动手册的发放范围

很多企业在推进 6S 管理活动的初期，都印制了 6S 管理活动手册，作为 6S 管理活动推进内容的一部分工作，用于教育和指导员工，每人一册。

但 6S 管理活动手册在实际工作中并没有产生多大效果，反而要投入人力、时间编制，耗费印刷费用等。公司人手一册，员工们不仅不看，反而到处丢弃，污染环境。

对于这种没有实效的内容，最好不做。

因此，笔者建议将 6S 管理活动手册（图 4-10）的教育学习内容充实完善，每班发放一册，供员工在班前会和工余时间集中学习，以提高学习吸收的效果。

图 4-10　6S 管理活动手册

第四章 进行 6S 管理深化的技巧

4.2.2 宣传要简单化

不要单独为 6S 管理的推进设宣传栏，出公司内刊物，出标语口号，制作奖旗，不提倡搞表面轰轰烈烈的造势运动。

一些企业喜好表面工作，表面轰轰烈烈，实际蜻蜓点水，没有深入持久地开展下去，起不到实效。6S 管理活动的宣传也不要用政治活动的宣传方式来进行宣传，避免使 6S 管理工作运动化。

4.2.3 工作要常态化

不要搞 6S 活动周、活动月、活动年，6S 工作要常态化。

活动周、活动月、活动年过后，难道我们就不推进 6S 管理工作了吗？6S 管理工作的推进，不是一周、一月、一年的事，而是一辈子的事。

表面化的内容、突击性的工作要少做或不做，而是要脚踏实地逐步深入持久地进行 6S 的现场改善。

4.2.4 推进方式与 ISO 9000 的不同

不要用 ISO 9000 的推进方式来指导企业开展 6S 管理活动。

1. ISO 9000 的推进方式不适应 6S 管理活动

推进 6S 管理活动不能用推进 ISO 9000 的方法进行。

ISO 9000 在中国推行这么多年，成果不容否认，但形式主义大大抬头，数据造假之风有漫延之势。每次 ISO 9000 年度审核之前，一些企业的品质管理人员加班加点，补充未记录的数据，补充未签的字，应付认证机构的审核。一些通过 ISO 认证的企业，连一些基本的质量管理条件都不具备，就是在花了大量的时间、精力作资料，走了大量的形式。

质量保障工作中最基础的是图 4-11 中所示的检测仪器，是员工的质量行为，而不是虚构的体系。

从精益生产的角度看待 ISO 9000，ISO 9000 是不增值而必要的环节，对于不增值而又必要的环节，就应该简化，使之符合现场的实际情况。

目前，没有人敢对 ISO 9000 说"不"。在这里笔者也不是对 ISO 9000 说"不"，而是要求 ISO 9000 也要随着时间的推移，不断发展、丰富，并进行体系的完善和改善，简化实施过程，使之具有更好的可执

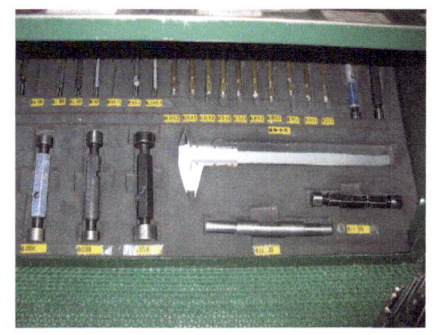

图 4-11 质量保障的基础——检测仪器

行性和现实的符合性，从而不失控。

企业为什么 ISO 9000 造假，表面上是市场要求，客户要求企业必须通过 ISO 9000，而自身质量管理并未达到 ISO 9000 要求而造假，这是不能容忍的，但另一方面也应该反省一下 ISO 9000 自身，是否也有不符合企业实际操作情况的地方，即也应该不断提升改善。

ISO 9000 是二次世界大战时美军所推行的模式。有关专家认为，ISO 9000 的缺点是：

1）太注重文件化；
2）没有现场感；
3）员工参与程度不高。

这样会使员工感觉增加了无谓的负担，降低了工作效率；会使中层管理人员感到处处受制，无法发挥管理才能，也会使高层管理认为这张证书，仅是为了符合顾客要求，符合出口要求，对企业则一无是处，反而增加了负担；只不过是多请人，多填表，多记录，多开会。

ISO 9000 的各层文件，其优点是规范化，是各部门、各级人员分工明确。遗憾的是，文件一经写出，授权签署，发行后，在很短的时间内就可能搁置不用。原因可能是在编写时就不合实际；可能是产品流程、产品规格、顾客要求有所改变；可能是增添了先进设备，但没有及时更改文件；也有可能是更改文件的程序太繁琐死板；更有可能是有人认为只读文件不能改动，或不能经常改动。

知道了 ISO 9000 推进方式的不足，就不要像进行 ISO 9000 那样进行 6S 管理内部审核程序，不出手册、不成立内部审核小组、不开首次会议、末次会议，不进行管理评审等类似于 ISO 9000 的形式工作，把花在这些表面工作上的时间，用在不断的 6S 现场改善工作上来，例如，对仓库的管理重点应该放在把仓库做成标准的仓库（图 4-12），而不是建立过多的表格上。

图 4-12　标准的仓库

2. 不要盲目追求 6S 管理达标

严格意义上说，6S 管理不像 ISO 9000 那样有规范化的标准可供对照检查，也即没有统一的 6S 管理标准，各企业随着本企业厂房类别、设备设施种类及布局、生产产品特性、工艺流程、物流的不同而不同。如果说 6S 管理有标准的话，那就是：今天要比昨天好，明天要比今天好。

第四章 进行 6S 管理深化的技巧

"没有最好，只有更好"是 6S 现场改善的精髓，是 6S 管理活动的目标，我们要永远把现状看成是最差的，不断地提升现场管理水平。

4.2.5 6S 检查方式的改善

在此之前，企业的 6S 活动的检查工作是由 6S 推进办公室主任任检查组组长，由各职能部门人员参加，共同进行办公区域和生产现场的 6S 现场检查（图 4-13）。

改善后的方法是：

1）由 6S 推进办公室主任任检查组秘书长，由各职能部门领导轮流任组长，进行本月检查，以组长为主，进行问题点的原因分析，提出改善对策及制订改善实施计划，并由推进室负责协调实施，这样可以从不同角度进行检查，也有利于工作的相互理解和深刻认识。

图 4-13 现场检查

2）选派各部门员工参加检查组，共同进行公司 6S 检查，使员工有参与感和使命感，并在检查中了解：其他部门 6S 推进情况，存在问题的状态，比自己班组优秀的方面，从而促使员工回到本班组后积极参与改善。

3）6S 检查表的设计改善：增加执行计划、结果确认等项目。

4）不定期的 6S 检查。

6S 检查考核评分表见表 4-1。

表 4-1 6S 检查考核评分表

稽核日期： 年 月 日		部门：		责任者：	
序 号	待改善事项	对策提出	完成期限	追踪结果	备 注

标准：　　　制表：

看一看肯德基如何用"特别顾客"来监督分店的：

"美国肯德基国际公司的子公司遍布全球 60 多个国家，达 9900 多个。然而，肯德基国际公司总部在万里之外，又怎么能相信其下属能循规蹈矩呢？

一次，上海肯德基有限公司收到了 3 份总公司寄来的鉴定书，对外滩快餐厅的工作质量分 3 次鉴定评分，分别为 83 分、85 分、88 分。公司中外方经理都为之瞠目结舌,这三个分数是怎么评定的?原来,肯德基国际公司雇佣、培训一批人,让他们伪装顾客入店消费进行检查评分。这些"特殊顾客"来无影去无踪,这就使快餐厅经理、雇员时时感到某种压力,丝毫不敢疏忽。"

6S检查就应该像美国肯德基国际公司对其各子公司的检查方法一样,不定期地检查各部门实施的状况。

4.2.6 考核方法的简化

现行的日常大规模的6S评定考核方式较为复杂,检查耗费时间,标准不易掌握、分歧较大,考核性差,争议性大。

检查评比不公、争议性大的原因分析:6S检查时虽然有标准,但人为因素很多,如检查人员把个人的恩怨放在工作中,检查结果不能公平、公开,使员工失去信心和改善的动力,会增加推进工作的难度;另外虽然有标准,但标准不易掌握、评判,也会造成6S检查结果的不确定性。

对在6S检查中发现的问题要一一列出,检查后结果要及时反馈给被查部门,并进行确认。对问题点要提出对策,制订计划,重点对其实施情况进行考核。凡是6S检查中发现的问题按整改计划解决的,给予表扬、奖励,否则给予一定的批评和处罚。考核结果以看板形式公布出来,见表4-2 班组6S评比宣传栏。

表4-2 班组6S评比宣传栏

××年___月份××车间6S工作评比							备注
	1	2	3	……	30	31	
1班	◎	○	◎		▲	◎	
2班	▲	◎	○		○	◎	
3班	※	○	○		○	▲	
4班	○	▲	※		▲	▲	
5班	◎	▲	○		○	◎	
说明	◎:代表良好(绿色)　○:代表中等(蓝色) ▲:代表及格(黄色)　※:代表较差(红色)						

4.3 6S管理改善的切入点

在推行6S管理的活动中,切入点在哪里?这是大家非常关心的问题。切入点要因企业具体情况而异,没有统一标准的切入点,但要注意的是,选择切入点的原则是:少花钱、易改善、能减轻员工的劳动强度、见效快的地方。

第四章 进行 6S 管理深化的技巧

4.3.1 少花钱的地方

在 6S 管理推行初期的,甚至是已经推行了一段时间的企业中,有很多人都说:舍不得花钱,做不好 6S,搞 6S 管理就是要花钱的。6S 就是要看上去很美,要上档次,因此办公家具、作业台、料架、工具柜等都要更新,地面要刷地板漆,这样才有现代化企业的气派。

正因为有这样的想法,许多人等着公司出钱购入新东西,这种等、靠、要的思想的存在,使得 6S 管理推进工作进展缓慢。正因为有这样的思想和行为,使得 6S 管理推进过程中的形式主义严重,不考虑实际投入的产出价值,形成了新的浪费,并且不能根植于企业,达不到效果。

应该提倡自己动手(图 4-14)。

其实,6S 管理运用得好的话,它是最简单,最少花钱、收效最多的一种有效的管理方法。

这不是说,推进 6S 管理就不需要花钱,只是说很多 6S 的改善是不需要投入较多资金的。在实际改善活动中,首先从少花钱的地方入手,进行改善,取得实效后,可令人鼓舞。例如下面两个方面。

图 4-14 自己动手

1. 对办公家具、文件资料柜、文件夹等进行合理调配

一些企业的设备老化、办公用品陈旧。如普通加工车床大多数为 20 世纪 60 年代产品,甚至还有 50 年代的,办公桌、椅及文件资料柜、架也不同程度地破损,表面脱漆。各单位的文件资料柜、货架、办公家具高高低低,外形也各不相同。针对这种情况,应首先要求各单位对办公家具、文件资料柜等进行调配,将那些形状相同、相近,高低相等的柜、架等集中放置,文件夹的形状、规格、颜色也进行相应调配,再加上相应的目视化标识,这样在视觉上也同样可以达到美观、整洁的效果。

2. 修旧利废

发动员工群策群力,修复跑、冒、滴、漏的设备及管道。员工们自己动手(图 4-15),对设备和办公用具的表面、地面标线、墙面进行粉刷翻新,对那些实在不能使用的木制家具、木制包装材料,拆除板料,制作木托盘、物料放置架,用于零件周转和放置。

图 4-15 员工自己涂油漆

4.3.2 不费力气就立即能见效的地方

很多区域的 6S 改善,是不费吹灰之力的。

改善首先从小事做起,不要总想着做大的变革,而是马上把力所能及的小事做好,长此下去就会有惊人的结果,所谓巧迟不如拙速。

看一个费力并不大的 6S 改善的事例——钻孔加工:一个台阶孔改善前用 2 台设备、2 套夹具、2 把刀具、两次装夹进行加工,见图 4-16 6S 改善事例(一)。

改善后采用复合刀具(阶梯刀具),用 1 台设备、1 套夹具、1 把刀具、一次装夹即可完成加工,见图 4-17 6S 改善事例(二)。

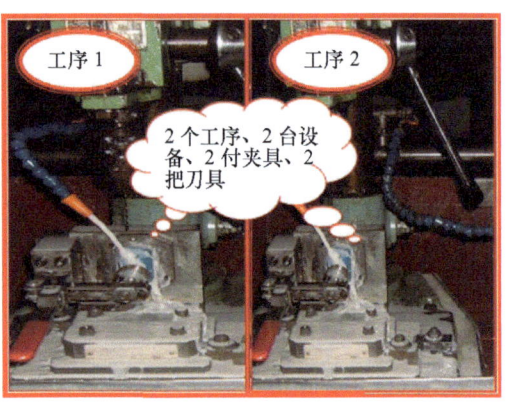

图 4-16　6S 改善事例(一)

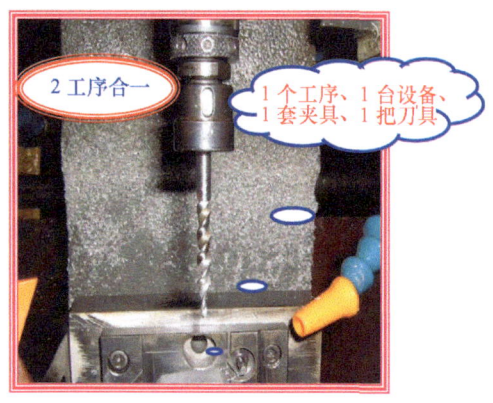

图 4-17　6S 改善事例(二)

改善效果对比:

1)节约加工工时 22 秒;

2)减少 1 台设备、1 套夹具、1 把刀具,工作台减小;

3)占地面积减少。

某厂家从设备零配件仓库开始,在公司 6S 推进室及库房管理人员的密切配合下,数周后将仓库改变为人见人叹的样板区。

改善前的设备零配件仓库见图 4-18。

改善后的设备零配件仓库见图 4-19。

图 4-18　仓库 6S 改善前

第四章　进行 6S 管理深化的技巧

图 4-19　仓库 6S 改善后

4.3.3　能减少员工劳动强度和劳动量的地方

看一看企业的现场，在很多工位上，员工每天付出的劳动强度是相当大的，图 4-20 这样操作，不仅使员工们身心疲惫，也非常影响他们的工作效率，他们对待 6S 管理推进的态度就会是比较消极的，并影响着一部分其他员工。

那么，6S 改善就从能减少员工劳动强度和劳动量的地方开始，改善的目的就是要减少他们的劳动强度和劳动量。减轻劳累，就会提高他们的工作效率，同时提高对产品质量和人身安全的保障，最重要的是减少了他们对 6S 管理推进的阻力。

图 4-20　员工不舒适的操作

4.3.4　新厂房建设和旧厂房改造时

新厂房建设和旧厂房改造时，也是 6S 管理推进最好的时间切入点。

由于旧的厂房先天性结构的不足，加之很多厂房是租赁的，不能擅自更改结构，造成设备放置、物流、物品定置摆放的位置等不合理，影响了 6S 改善的彻底性，如图 4-21 所示旧厂房的 6S。

而新厂房建设和旧厂房改造设计时，可以从产品工艺、物流的科学性，设备、设施、物品定置管理的合理性，系统科学的设计厂房结构，合理安排设备、设

图 4-21　旧厂房的 6S

79

施的布局，水电气管网走向的布局以及合理安排看板的位置等，能够为现场 6S 管理的推进打下较好的基础。

4.4 库存认识的深化

在 6S 管理的推进过程中，各类库房的改善是改善工作的又一重点内容。

库房包括：原材料库房，毛坯库房，零部件库房，半成品（含生产现场半成品）库房，完成品库房，工具、辅具辅料库房，机修备件库房，办公用品库房等。

对于库房的 6S 改善，不应仅仅停留在打扫卫生，物品的清理、摆放和标识上，更应该对库存的物质种类、数量及防护有深入的了解和认识。

4.4.1 库存的"好处"

在很多企业的各类库房中，物质的库存量较大，甚至严重超标准，但是，并没有引起大家的警觉，相反，普遍认为库存给大家带来的却是安全感的增加。

为什么呢？因为，

有了库存，停电、停水、停气不用担心，我们照样能保证满足用户的需求；

有了库存，设备、模具、夹具、刀具损坏不用怕，在修理时间内，我们还能满足用户的需求；

有了库存，配套供应不及时不用发愁，只要采购部门抓紧时间，我们的生产不会间断；

有了库存，员工跳槽再多不用害怕，只要人力资源部门能解决，我们的生产也不会终止；

有了库存，质量问题再多不是问题，只要相关部门能解决，及时安排翻修，我们的供应也不会中断；

有了库存，……。

图 4-22 所示为生产现场的大量在制品。

看看，正因为有了库存，这么多的问题都被克服了，生产没有被耽误，市场供货正常，用户没有抱怨，有库存就是好呀！

殊不知，也正是因为有了库存，这么多的问题都被掩埋了，解决问题的紧迫感没有了，这些问题长期滞留在生产现场，得不到及时解决，使生产效率大打折扣，产品质量得不到保证，生产成本不断上升，最终就会影响企业的效益和发展。

图 4-22　生产现场的大量在制品

第四章 进行 6S 管理深化的技巧

4.4.2 虚假的"零库存"

国内有一些大型企业，尤其是某些行业龙头企业，比较强势，自己有仓库，不是储存自己的物料，而是租给供应商，库存都是供应商的，即用即取，还要收取租金；还有的企业，自己没有库房，但要求供应商每天定时供货，供应商迫不得已在其厂房附近租用库房，库存产品，每天定时按主机厂要求供货，这样一来，主机厂确实实现了"零库存"，美其名曰地实现 VMI（供应商管理库存）。不过，总感觉与国外的 VMI 形似神不似。这种方式是一种大鱼对小鱼的压榨，还是一种供应链上的改进优化？难说。

就产品的产业链而言，库存并没有消失，仅仅是位置的向前顺序移动，产业链条上的库存依然存在，库存的浪费并未消失，实现的是库存的浪费转移，库存消耗费用的转嫁。

因此，如果不看库存的所属关系，这种方式对供应链优化似乎没有什么好处。但是，存在即为合理，这种库存转移方式对供应链的优化还是有作用的，只是与通常 VMI 的优化价值点不一样而已。

对于供应商来说，绑定了一个大客户，这就是一种价值所在，能够给下游客户提供更好的服务（提升客户服务水平是每一个企业都要做的事情）。

另外，这种业务运作必须有信息共享作为基础。对于供应商来说，能够快速获取下游大客户的需求，减少需求不确定性，加快对需求的响应速度，这可能是这种业务模式最大的价值所在。下游客户除非把需求预测信息告诉供应商，否则不可能时时刻刻都能有库存可用，如果没有实现信息的共享，这种业务真的就没有价值了。

供应商通过这种方式，可以实现物流的整体优化。以前的运输是一个订单一个订单地满足，现在的物流可以整体优化了。如何运输、运输量、库存调度，供应商都可以整体计划。

当然这对于下游大客户，价值巨大：消除了库存以及库存风险，获得仓库租金，可能供应商的产品单价会有所提高，看双方如何博弈了。

其实，这种业务方式运作的关键就在于信息共享，是信息共享产生了价值，而不是 VMI 产生的价值。

4.4.3 对库存应当有更深入的认识

日本专家认为，库存对物流而言，就是一种罪恶。因此可以说库存反映了物流，库存越多，说明物流就越落后；库存越不合理，说明物流就越不合理。库存越多，库房里的呆滞品越多（图4-23），意味着企业产品的积压，在市场上不适销对路，意味着企业离死亡不远了。因此从某种程度上说，是库存决定着企业的生存和消亡。

81

例如，目前国际上电器、计算机等电子产品发展很快，产品的更新换代只有6个月左右的期限，如果库存很多，这些产品就会贬值，有的甚至会成为废品。同时库存多还会大量占压资金，增加库存的管理费用、设备费用等。

从深层次上分析，库存多还将阻碍对企业、对产品存在问题的发现，因此必须对库存的问题有一个更深入的认识。

图 4-23　库房里的呆滞品

从日本好的企业看，追求零库存已成为企业管理的最高境界，以日本丰田公司为例，从20世纪60、70年代开始就追求零库存，零库存也是丰田公司之所以能发展壮大的最重要的原因。丰田公司实行零库存以来历史上有三次没有及时供应零部件的记载：第一次是一辆运送零部件的车在隧道里着火，耽误了零配件的供应；第二次是一家丰田汽车零配件的商店发生了火灾；第三次是阪神大地震，由于交通问题导致零配件短期缺货。每当这时，丰田的竞争对手就会说，丰田应该有自己的库存，但丰田的老板很顽固，坚决不搞库存，因为他充分认识到了零库存的好处，同时他认为零库存可以帮助他及时发现企业存在的问题和市场需求的导向。

当然，无论是零库存还是库存很少，前提条件是不能缺货，缺货就意味着丧失提高销售的机会，同样会给企业造成损失。而要解决有时出现的缺货，就要解决物流配送的问题，所以追求零库存或低库存与保证不缺货是一对矛盾。这个矛盾解决得越好，企业的经营管理就越好，经济效益就越高。而要解决这个矛盾，关键就是要对市场进行科学准确的分析、预测，还要解决物流问题。

我国的许多企业对库存问题的认识还没有上升到切实追求零库存的高度，什么时候认识上去了，什么时候能够对市场科学准确的分析、预测，对物流重要性的认识也就上去了，才能解决居高不下的库存量的问题。

4.4.4　库存改善方法和事例

库存量的大小直接影响到流动资金和正常生产。库存太大，占用了资金，增加了经营风险；库存量太小，又可能影响生产、交货。仓库的6S管理不妨以降低库存量作为改善的重点。

库存量与四大要素相关：

- 资金额；
- 占用的场地面积；
- 占用的物质（货架、周转托板、周转箱、周转车辆）；
- 人员数量及管理。

第四章 进行 6S 管理深化的技巧

了解这四大要素有利于将有限的资源用到刀刃上,在着手降低库存量时,应先做以下几个方面的调查。

1)哪些材料最贵或占用金额最多?
2)哪些材料占地面积最大?
3)每一种材料的调度购买周期有多长?
4)每一种材料的生产周期有多长?
5)库存物品的历史使用状况记录。

通过这些调查,就可以确定最低库存量是多少,现状库存量是否合理,从而从以下方面进行改善。

1. 零部件库存量减少

1)为实现零部件库存量的减少,要根据生产计划及交货期来分批地购入原材料,以保证最低库存量。实施这种方法要充分考虑供应商的配套工艺能力,以及稳定性,运输的条件,运输时间,订货成本。对于市场上通用的生产物料可以考虑及时生产、及时送货的方式,避免不必要的库存。

2)做好库存管理的目的是控制,就是控制金额。在一个工厂作为采购人员,因为没有物料而影响生产时,往往要被追究责任,所以有的企业多买物料的现象很普遍。有些物料过期报废都没有发现,所以企业应该做好库存金额的控制,发现异常要调查原因。

3)经常性的定期盘点。定期进行物料盘点,调查现物与台账相差的原因,及时发现问题,尽早给予解决,保证账物的一致性。

2. 减少半成品的滞留

减少库存不应仅仅盯着仓库中的数量,因为生产周期的关系,整个生产流程中往往滞留着比库存更多的半成品。因为感觉上这些半成品还在增值流动,所以具有更大的隐蔽性,难以察觉。

半成品同样积压资金,造成了浪费,是因为企业的很多管理者不懂生产、物流,不能对生产管理提出要求。

3. 降低成品库存

很多公司为了方便,安排生产往往采取大批量的生产方式,仓库经常堆满,这样虽然省事,却积压了大量的资金。

市场是变幻莫测的,而且会有很大的风险,要降低成品的库存,必须要坚持按精益生产的原则来组织生产:

1)客户需要时才生产产品;
2)客户要多少产品就生产多少产品;
3)客户什么时候要就什么时候生产。

很多企业都认为不积压库存就无法适应顾客突然的大量订单,这确实也是普遍存在的现实问题，弹性的生产方式可以在很大的程度上解决此问题。

4. 库存警示方法

应参考图 4-24 建立库存警示线，既要逐步减少库存，又不能干扰生产。可以用红色记号（线条、标签和牌子）标出最大库存高度，再用黄色记号标出最低高度。然后逐步降低红色标记。这样做将会形成严格的库存量制度，使生产在少库存的条件下顺利进行。

在不造成生产停顿的情况下，半成品、在制品越少越好。

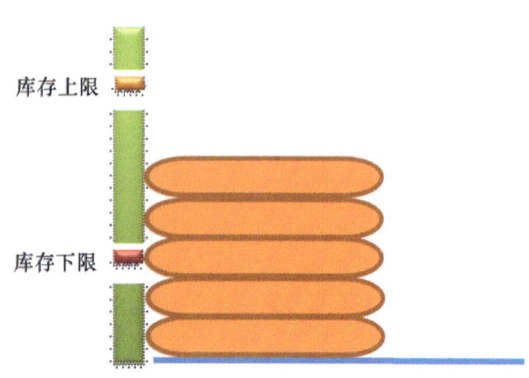

图 4-24 建立库存警示线

由于库房 6S 管理不到位及企业内的信息传递或沟通协调方面有问题，往往是到了完全没有任何库存时才发现，层层上报，而重新调整已经来不及了；时常也因为生产计划或交货计划有变更，而相应的对策没有及时赶上，原材料源源不断地涌进仓库，只有爆仓时才有人反映，而此时仓库已经一片混乱。对于这些状况，我们不妨建立一套一目了然的库存警示线。

5. 库房改善事例

参见图 4-25 ～图 4-29。

图 4-25　库房改善（一）

图 4-26　库房改善（二）

图 4-27　库存改善（三）

图 4-28　库存改善（四）

第四章 进行6S管理深化的技巧

图 4-29 库存改善（五）

本章读后心得体会

第五章
6S 推进十大工具的妙用

6S 管理活动过程中有许多科学的管理理念、方式、方法和工具,其中这些工具的运用,对 6S 管理的推进有非常好的帮助,有助于员工在实施 6S 改善时较为容易地达成目标。

5.1 工厂的全面"洗澡"运动

这种推进工具对未实施过 6S 管理活动的企业在开始实施 6S 管理的初期特别适用,它有助于全体员工对过去的行为进行反省,引起大家的共鸣。

看一看未实施过 6S 管理的企业现场,见图 5-1~图 5-4。

这些不良及混乱的现状,长期存在企业的现场,不仅现场的员工视而不见,就连一些管理干部也是麻木不仁。

这种脏乱的环境,不仅影响员工身体的健康与安全、设备的健康(设备故障)、产品的健康(产品质量),也会影响到员工工作的心情,从而对企业的效益产生不良影响。

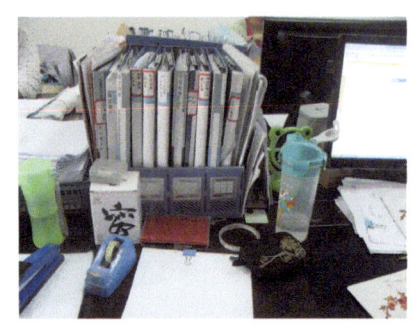

图 5-1　无 6S 管理的现场一

图 5-2　无 6S 管理的现场二

图 5-3　无 6S 管理的现场三

图 5-4　无 6S 管理的现场四

对于以上这样的现场，动员企业全体员工，集中时间和精力，参加全面的工厂"洗澡"运动（全体上下彻底大扫除）是最合适的、必须首先进行的，而且还要定期巩固。这也如同在全公司公开宣布企业已经正式开始全面推进 6S 管理工作。

在全体上下彻底的大扫除中，大家一起行动起来，在大扫除的同时，反思过去的所作所为，深思造成今天脏乱的根源，分析脏乱对每个人工作、对企业的负面影响，为今后 6S 管理活动的开展，打下一个好的基础。

5.2　定置管理法

定置管理是企业在生产过程中研究人、物、场所三者之间关系的现场管理技术，是对物的特定的管理。定置管理的范围是对生产现场物品定量的过程中进行设计、组织、实施、调整，并使生产和工作的现场管理达到科学化、规范化、标准化的全过程。它不是简单的确定物品在现场放置的位置就可以的，而是这一位置的确定必须符合物的定量、物的流动、人与物的协调与配合等科学方法的规定。

物品的定置与放置不同，两者的比较见图 5-5：

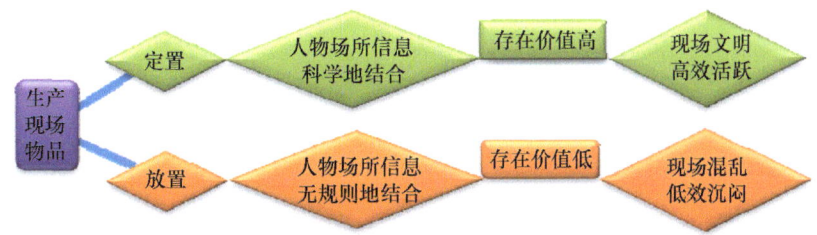

图 5-5　物品的定置与放置

定置管理是"6S"活动的一项基本内容。在 6S 管理活动推进中，通过整理，把生产过程中不需要的物品清除掉，不断改善生产现场环境条件，科学地利用场所，向空间要效益；通过整顿，促进人与物的有效结合，使生产中需要的物品随手可得，向时间要效益，从而实现生产现场管理的规范化与科学化。

定置管理以物在场所的科学定置为前提，以完整的信息系统为媒介，以实现人和物的有效结合为目的，通过对生产现场的整理、整顿，把生产中不需要的物品清除掉，把需要的物品放在规定位置上，标识清楚，使其随手可得，促进生产现场管理文明化、科学化，达到高效生产、优质生产、安全生产。

定置管理将生产现场中人、物、场所三要素分别划分为三种状态，并将三要素的结合状态也划分为三种。

1）A 状态是物与人处于有效结合状态，物与人结合立即能进行生产活动。

2）B 状态是物与人处于间接结合状态，也称物与人处于寻找状态或存在一定缺陷，经过某种媒介或某种活动后才能进行有效生产活动的状态；

3）C 状态是物与现场生产活动无关，也可说是多余物。

定置管理的三种状态见下表 5-1。

表 5-1　定置管理的三种状态

要　素	A 状态	B 状态	C 状态
场所	指良好的作业环境。如场所中工作面积、通道、加工方法、通风设施、安全设施、环境保护〔包括温度、光照、噪声、粉尘、人的密度等〕都应符合规定	指需要不断改进的作业环境。如场所环境只能满足生产需要而不能满足人的生理需要，或相反，故应改进，以既满足生产需要，又满足人的生理需要	指应消除或彻底改进的环境。如场所环境既不能满足生产需要，又不能满足人的生理需要
人	指劳动者本身的心理、生理、情绪均处在高昂、充沛、旺盛的状态；技术水平熟练，能高质量地连续作业	指需要改进的状态。人的心理、生理、情绪、技术四要素，部分出现了波动和低潮状态	指不允许出现的状态。人的四要素均处于低潮，或某些要素如身体、技术居于极低潮等
物	指物正处在被有效使用的状态。如正在使用的设备、工具，正加工的工件，以及妥善、规范放置、处于随时和随手可取、可用状态的资料、坯料、零件、工具等	指寻找状态。如现场混乱，库房不整，需用的东西要浪费时间逐一去寻找的零件、工具等物品的状态	指与生产和工作无关，但处于生产现场的物品状态。需要清理，即应放弃的状态
人、物、场所的结合	三要素均处于良好与和谐的、紧密结合的、有利于连续作业的状态，即良好状态	三要素在配置上、结合程度上还有待进一步改进，还未能充分发挥各要素的潜力，或者部分要素处于不良状态等，也称为需改进状态	指要取消或彻底改造的状态。如严重影响作业，妨碍作业，不利于现场生产与管理的状态

定置管理就是把"物"科学地放置在固定的、适当的位置，而不是随意地放置。但对"物"的定置，不是把物品拿来定一下位或仅仅考虑表面的整齐而定置就行了，而是从安全、质量、效率、成本、工艺流程、物流和物品的自身特征进行综合分析，以确定物品的存放场所、存放姿态、存放数量表示这定置三要素的实施过程，因此要对生产现场、仓库料场、办公现场定置的全过程进行诊断、设计、实施、调整、消除，使管理达到科学化、规范化、标准化。

定置管理的核心就是尽可能减少和不断清除 C 状态，改进 B 状态，保持 A 状态，同时还要逐步提高和完善 A 状态。

在企业生产活动中，最主要的因素是人、物、场所和信息，其中最基本的因素是人与物。在生产场所中，所有物品都是为了满足人的需要而存在的，因而必须使物品以一定的形式与人结合。其结合方式有两种。

1）直接结合（图 5-6），即人所需要的物品能立即拿到手的结合。通常指随身携带或放在身边、工作现场随手可得之物。这种结合不需要寻找，不需要由于寻找物品、拿取物品而造成工时消耗。这是人所追求的理想结合。

2）间接结合（图 5-7），即人和物处于分离状态，必须依靠信息的作用才能结合。通常处于间接结合状态的物品，是人在生产现场看不到摸不着的。如存放在库房的工具，它放在何处？有多少？如无确切的信息是找不到的，当然也就不可能实现人与物的直接结合了。

图 5-6　直接结合

图 5-7　间接结合

间接结合必须依靠信息，这种信息是指人的记忆、各种记录、标准化了的信息卡、物品的位置台账、计算机的储存信息、各类标识等。信息齐全、准确、可靠和及时，就能在较短时间内找到所需物品，否则就要花很多时间寻找，造成工时浪费。

所以定置管理的主要任务之一，就是研究如何建立科学有效的信息系统，使间接结合的物品处于良好的可控状态，随时可与人进行结合。高质量的定置管理要求信息载体达到六方面理想状态的要求：

1）场所标志清晰；
2）场所设有定置图；
3）物品位置台账齐全；
4）存放物品的序号、编号齐备且唯一；
5）信息标准化（物品流动时间标准、数量标准、摆放标准、标识指示标准等）；
6）标准统一适用的货架、托板、周转装具。

推行定置管理的作用：
1）有利于改善工作环境；
2）有利于生产现场管理标准化；
3）有利于提高工作质量和效率，保证安全生产；
4）有利于培养员工良好的行为规范。

定置管理的内容可分为：工厂环境区域定置、附属设施区域定置、生产现场区域定置和办公区域定置四大类。

1）工厂环境区域（图5-8）：包括生产区和生活区。生产区包括门卫区域、车间外现场、露天毛坯库、报废物摆放区、改造厂房拆除物临时存放区、垃圾区、各种车辆停放区等。生活区包括道路、福利设施、园林、环境、员工宿舍等。

2）附属设施区域（图5-9）：车间外的油库、废水处理设施、动力设施（变压站、空压站、锅炉房、调压间等）。

图5-8　工厂环境区域

图5-9　附属设施区域

3）生产现场区域（图5-10）：包括厂房内的毛坯区、半成品区、成品区、返修区、废品区、工业及生活垃圾区、易燃易爆污染物停放区等，还包括车间的工段、班组、机器设备、辅具（刀具、夹具、模具、量具、工具、容器、工艺文件、图样等）放置区，以及工作台、工具箱、更衣箱柜等区域。

4）办公区域（图5-11）：办公室内包括办公桌椅、办公设备、办公文具、文件柜、文具资料、清洁工具、墙面张贴物等，办公室外包括消防设备、清洁工具、走廊、楼梯、卫生间等。

第五章 6S 推进十大工具的妙用

图 5-10 生产现场区域

图 5-11 办公区域

开展定置管理应按照以下六个步骤进行。

1. 进行工艺研究

工艺研究是定置管理开展程序的起点，它是对生产现场现有的产品结构、加工方法、机器设备、工艺流程、生产场地进行详细综合的分析研究，确定生产工艺在技术水平上的先进性和经济上的合理性，分析是否需要和可能采用更先进的工艺手段及加工方法，从而确定生产现场产品制造的工艺路线和搬运路线。工艺研究是一个细致诊断、发现问题、提出问题、分析问题和解决问题的过程，包括以下三个步骤：

（1）对现场进行细致调查，详细记录现行方法

通过查阅资料、现场观察，对现行方法进行详细记录，为工艺研究提供详尽准确的基础资料。

（2）分析记录的事实，寻找存在的问题

对经过调查记录下来的事实，运用工业工程中的方法研究和时间研究的方法，对现有的工艺流程及搬运路线等进行分析，找出存在的问题及其影响因素，提出多种改进方案。

（3）拟定改进方案

针对提出的多种改进方案，定置管理人员要对各种改进方案做具体的技术经济分析，并和旧的工作方法、工艺流程和搬运线路做对比。在确认一些比较理想的方案后，选择最优方案，作为最后的定置方案实施。

2. 人、物结合的状态分析

人、物结合状态分析（图5-12），是开展定置管理中最关键的一个环节。

在生产过程中必不可少的是人与物，只有人与物的结合才能进行有效的工作。而工作效果如何，则需要根据人与物的结合状态来定。人与物的结合是定置管理的本质和主体。定置管理要在生产现场实现人、物、场所三者最佳结合，首先应解决人与物的有效结合问题，这就必须对人、物结合状态进行分析。

图 5-12　人与物的结合状态

3. 开展对信息流的分析

信息媒介就是人与物、物与场所合理结合过程中起指导、控制和确认等作用的信息载体。由于生产中使用的物品品种多、规格杂，它们不可能都放置在操作者的手边，如何有效地找到各种物品，需要有一定的信息来指引；许多物品在流动中是不回归的，它们的流向和数量也要有信息来指导和控制；为了便于寻找和避免混放物品，也需要有信息来确认，因此，在定置管理中，完善而准确的信息媒介是很重要的，它影响到人、物、场所的有效结合程度。

人与物的结合，需要有四个信息媒介物：

1）第一个信息媒介物是位置台账，它表明"该物在何处"，通过查看位置台账，可以了解所需物品的存放场所。

2）第二个信息媒介物是平面布置图，它表明"该处在哪里"。在平面布置图上可以看到物品存放场所的具体位置。

3）第三个信息媒介物是场所标志，它表明"这儿就是该处"。它是指物品存放场所的标志，通常用名称、图示、编号等表示。

4）第四个信息媒介物是物品标示，它表明"此物即该物"。它是物品的自我标示，一般用各种标牌表示，标牌上有货物本身的名称及有关事项。

在寻找物品的过程中，人们通过第一个、第二个信息媒介物，被引导到目的场所，因此，称第一个、第二个媒介物为引导媒介物；再通过第三个、第四个媒介物来确认需要的物品，因此，称第三个、第四个媒介物为确认媒介物。人与物结合时这四个信息媒介物缺一不可。

建立人与物之间的连接信息，是定置管理这一管理技术的特色。是否能按照定置管理的要求，认真全面地建立、健全连接信息系统，并形成通畅的信息流，有效地引导和控制物流，是推行定置管理成败的关键。

4. 定置管理设计

定置管理设计，就是对各种场地（厂区、车间、仓库、办公区域）及物品（各类状态的产品、设备设施、货架、箱柜、工位器具等）如何科学、合理定置进行统筹安排。定置管理设计主要包括定置图设计和信息媒介物设计。

（1）定置图设计

定置图（图5-13）是对生产现场所在物进行定置，并通过调整物品位置来改善场所中人与物、人与场所、物与场所相互关系的综合反映图。其种类有室外区域定置图，车间定置图，各作业区定置图，仓库、资料室、工具室、办公室等定置图和特殊要求定置图（如工作台面、工具箱内，以及对安全、质量有特殊要求的物品定置图）。

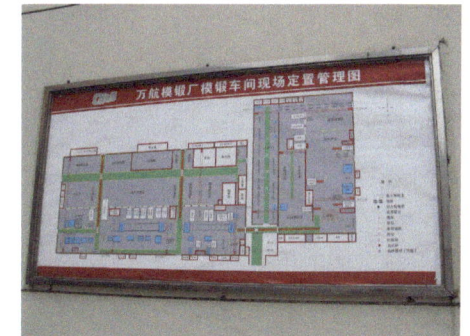

图5-13 定置图

定置图绘制的原则有：

1）现场中的重要物均应绘制在图上；

2）定置图绘制以简明、扼要、完整为原则，物形为大概轮廓，尺寸按比例，相对位置要准确，区域划分清晰鲜明；

3）生产现场暂时没有，但已定置并决定制作的物品，也应在图上表示出来，准备清理的无用之物不得在图上出现；

4）定置物可用标准信息符号或自定信息符号进行标注，自定信息符号要在公司内统一，并在图上加以说明；

5）定置图应按定置管理标准的要求绘制，但应随着定置关系的变化而进行修改。

（2）信息媒介物设计

信息媒介物设计，包括信息符号设计和示意图、标牌设计。在推行定置管理、进行工艺研究时，各类物品停放布置、场所区域划分等都需要运用各种信息符号表示，以便人们形象地、直观地分析问题和实现目视管理，每个企业应根据实际情况统一设计和应用有关信息符号，并纳入定置管理标准。

在信息符号设计时，如有国家规定的（如安全、环保、搬运、消防、道路交通等）应直接采用国家标准。对于其他符号，企业应根据行业特点、产品特点、生产特点进行设计。设计符号应简明、形象、美观。

标牌是指示定置物所处状态、所在区域、定置类型的标志，包括建筑物标牌，货架、货柜标牌，原材料、在制品、成品标牌等。它们都是实现目视管理的手段。各生产现场、库房、办公室及其他场所都应有标牌。各类定置物、区（点）应分类规定颜色标准。

5. 定置方案实施

定置方案实施是理论付诸实践的过程，也是定置管理工作的重点，包括以下三个步骤：

(1) 清除与生产无关之物

生产现场中凡与生产无关的物，都要清除干净。清除与生产无关的物品应本着"利益最大化"原则，能转变利用便转变利用，不能转变利用时，可以变卖，化为资金。

(2) 按定置图实施定置

各车间、部门都应按照定置图的要求，将生产现场的物品进行分类、搬、转、调整并给予定位。定置的物要与图相符，位置要正确，摆放要整齐，储存要有器具。可移动物，如推车、电动车等也要定置到适当位置。

(3) 放置标准信息标识牌

放置标准信息标识牌要做到牌、物、图相符，设专人管理，不得随意挪动。要以醒目和不妨碍生产操作为原则。

总之，定置实施必须做到：有图必有物，有物必有区，有区必挂牌，有牌必分类；按图定置，按类存放，账（图）物一致。

6. 定置检查与考核

定置管理的一条重要原则就是持之以恒。只有这样，才能巩固定置成果，并使之不断发展。因此，必须建立定置管理的检查、考核制度，制订检查与考核办法，按考核制度进行奖罚，以实现定置管理长期化、制度化和标准化。定置管理的考核制度不必单独制订，可加入到6S制度中去。

定置管理的检查与考核一般分为两种情况：

1) 定置后的验收检查，检查不合格的不予通过，必须重新定置，直到合格为止。

2) 定期对定置管理进行检查与考核。这是要长期进行的工作，它比定置后的验收检查工作更为复杂，更为重要。

定置事例见图5-14～图5-19。

图5-14 物品的定置事例一

图5-15 物品的定置事例二

第五章　6S推进十大工具的妙用

图 5-16　物品的定置事例三

图 5-17　物品的定置事例四

图 5-18　物品的定置事例五

图 5-19　物品的定置事例六

5.3　目视管理法

目视管理在企业现场管理活动中运用得十分广泛。实际上，目视管理在社会生活中也已经被广泛地使用了，例如：交通指示中的人行横道斑马线、红绿灯、公交车专用道、指路牌等。有的是为了安全而设，有的是为了方便、效率而设，尤其是飞机场乘客乘机引导系统，基本做到了你不用询问，只看机场的各种引导标识，就能顺利完成各种登机手续，并顺利登机，它是目视管理在社会生活中应用效果最好的典范。

在企业管理中，目视管理更是非常重要的。

事实上，目视管理的实施水准在很大程度上反映了一个企业的现场管理水平。遗憾的是，许多企业对目视管理的重要性尚未有足够的认识，有很多人认为目视管理是花架子，没有实际指导意义。假如听到："我们的仓库管理员太重要了，他不在的话许多物品其他人难以找到，已经很长时间没有休过假了"这话，估计谁都难以认同，这只能说明库房基础管理工作没有做到位，目视管理没有做好。目视管理作为一种管理手法，对效率、品质、安全、人际关系、士气的影响远远超出了许多人的想象。

那什么是目视管理呢？

目视管理就是利用各种直观的视觉感知信息，组织现场的生产活动，达到提升劳动生产率的目的的一种管理手段。简单地说，目视管理就是用眼睛来进行判断的管理手法，是一种以公开化和视觉显示为特征的管理方式，综合运用了管理学、生理学、心理学、社会学等多学科的研究成果。

目视管理在现场的实施可以起到暴露问题、提高管理效率、安全警示的作用。

在企业管理中，强调各种管理状态、管理方法清楚明了，达到"一目了然"的状态，从而容易明白、易于遵守，实现让员工自主性地完全理解、接受、执行各项工作，这将会给管理带来极大的好处。

目视管理的方法很多，形式各异，但目的相同，都是把工厂潜在的大多数异常显示化，变成谁都能一看就明白的事实。每个企业可以根据本企业的生产经营状况，选择最适合于自己的方式方法，达到提高企业经济效益的目的。

目视管理可以分为3个水准，见表5-2 目视管理水准评价标准。

表5-2 目视管理水准评价标准

序　号	目视管理水准	判　断　方　式
1	初级水准	有表示，能明白现在的状态
2	中级水准	谁都能判断良否
3	高级水准	管理程序和方式（异常处理等）都显示明了

1. 目视管理是现场管理的基本管理方法

目视管理是现场规范管理、降低成本、提高效率、减少工作差错、确保人员安全的基础。

很多企业在目视管理方面已经取得了较大的进步，不仅在工作现场开始较多地应用，而且在产品上也实施了目视管理，为客户带来了方便。

例如，计算机上有许多形状各异的接口，有圆的、扁的、长的、方的，其目的就是防止插错，并且不仅形状各异，各接口还采用了不同的颜色，各连接线的插头也是相应的颜色，这样就只要看颜色插线，又快又准。又快又准即"效率高、不易错"，这正是很多情况下目视管理所能带来的结果。

进行目视管理时，有三个要点要把握：

1）无论是谁都能判明是好是坏（异常）；

2）能迅速判断，精度高；

3）判断结果不会因人而异。

目视管理的内容有：

1）规章制度与工作标准公开化；

2）生产任务与完成情况图表化；

3）与定置管理相结合，实现显示信息标准化；

4）生产作业控制手段直观且使用方便化；

5）物品码放和运送数量标准化；

6）现场人员着装标准化；

7）色彩的标准化管理。

工厂里的全部构成要素都是目视管理的对象：如制造过程、物料、设备夹具、文件、场所、人等。

生产现场的目视管理：产品、品质、成本、交期、安全、士气、作业管理、排程交期管理、质量管理、模治具管理等。

间接部门的目视管理：为支持生产间接部门也应导入目视管理，如文件管理、行动管理、业务管理、办公设备管理等。

目视管理的具体工作有：

1）现场可移动物品全部实施画线定置。包括的物品有工装器具、清洁工具用具、小型可移动设备、量具及各种物料等。对于运输用叉车的停放要求要指示出停放的位置方向。

2）现场集中摆放的工位器具架上的工装、模具、物料、在制品、备件等一律要采用目视化管理的手段定置，物品的具体摆放位置必须是唯一的，要"一对一"标识，指明各器具架上所摆放物品的名称、类别、数量、管理者等。

3）办公室的办公设备、文件柜、办公桌面及抽屉内的物品要进行细致分类，并进行"一对一"定置及标识，其中办公室内的文件资料要分成经常使用的和不经常使用的两大类，不经常使用的一律放在文件柜内，并装文件夹竖放，表面要有分类标识，装综合资料的文件夹内部要有目录，经常使用的资料放在办公桌面上的文件夹里，抽屉内的资料量原则上不允许超过抽屉的 2/3 高度。

细致分类"一对一"定置及标识工作的意义在于避免了"找文件、物品"所产生的寻找浪费和拿错东西所造成的工作错误，同时促进了"整理"工作的进一步到位，养成"归位"的良好习惯，因为细致分类就能够判断"有用"与"无用"，能够知道那些是"经常使用的"和"不经常使用的"，从而实现分层管理的目的。

4）建立人员去向看板，掌握人员的工作动向和工作内容。

目视管理作为一种有效的现场管理手段，在生产管理、质量管理、安全管理、TPM 等活动中都得到了广泛的应用。

但是，在企业实践目视管理的过程中，却经常走入误区，认为目视管理就是做些标识、画线、做些看板等等，这是非常片面的，不仅造成巨大的浪费，也很容易引起员工的反感。

2. 目视管理的作用

（1）迅速快捷地传递信息

目视管理的作用，用很简单的一句话表示就是：迅速快捷地传递信息。

（2）形象直观地将潜在的问题和浪费现象都显现出来

目视管理依据人类的生理特征，充分利用信号灯、标识牌、符号、颜色等方式来发出视觉信号，鲜明准确地刺激人的神经末梢，快速地传递信息，形象直观地将潜在的问题和浪费现象都显现出来。即使是新进的员工，都可以与其他员工一样，一看就知道，就明白问题在哪里。它是一个在管理上具有非常独特作用的好办法。

（3）特别强调的是客观、公正、透明化

将工作的内容、担当者，工作场所，时间的限制，把握的程度，这些具体的内容用目视管理的方法显示出来，使每一个人都明白自己的工作任务和职责，让全体员工上下一心去完成工作。

（4）促进企业文化的建立和形成

目视管理，通过对员工的合理化建议的展示，对优秀事迹和先进的表彰，公开讨论栏，关怀温情专栏，公布企业宗旨方向、远景规划等这些健康向上的内容，能使所有员工形成一种非常强烈的凝聚力和向心力，这些都是建立优秀企业文化的一种良好开端。

3. 目视管理在设备使用工作中的指导作用

在实际现场设备操作、保养、维修的工作中，应着重从如下三个方面着眼，充分利用目视管理，来取得提高现场管理水平的良好效果。

（1）充分揭示设备的正、异常状态和参数

如仪表的正异常范围、开关的正异常位置、阀门的开闭状态、液位的上下限标识等。这样做不仅使工作人员对设备的运行状态是否正常一目了然，而且能起到提高工作效率的作用。比如将各种仪表的正异常范围标出，并设置点检作业通道，就使检查记录设备运行参数的抄表作业时间由原来的10分钟缩短到2分钟。

在设备出风口前绑一根彩色飘带或增加一个小风车（图5-20），飘带

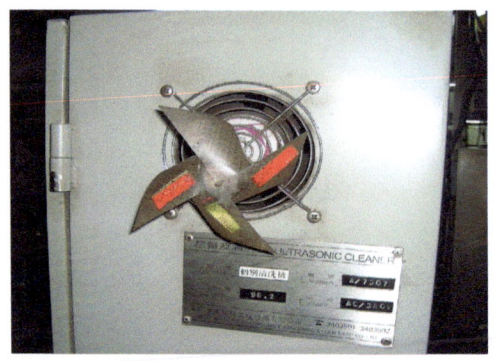

图5-20　出风口目视管理

第五章 6S 推进十大工具的妙用

飘起或风车转动就能说明出风口正在出风属于正常工作，不用走近，很远就能看得见！

图 5-21 ~ 图 5-23 是另外一些标识效果。

图 5-21 阀门开启状态管理

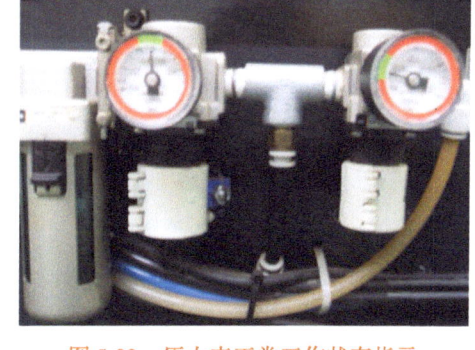

图 5-22 压力表正常工作状态指示

（2）将需要引起注意的事项揭示出来，起到提示和监督的作用，避免由于疏忽而引起工作失误

良好的设备管理要求按时对设备进行维护保养，经常出现由于未能按时对设备进行必要的维护保养，导致设备故障发生的情况。好的做法是尽量在现场揭示出设备维护的工作内容。比如，针对机器设备润滑油、过滤器、传动带等消耗品的更换，可在设备旁边立一块牌子，上面注明需要更换的消耗品的型号、数量、更换标准、上次更换时间和下次预计更换时间等内容。这样，如果消耗品更换的工作没有按时做，那就谁都能看出来了。

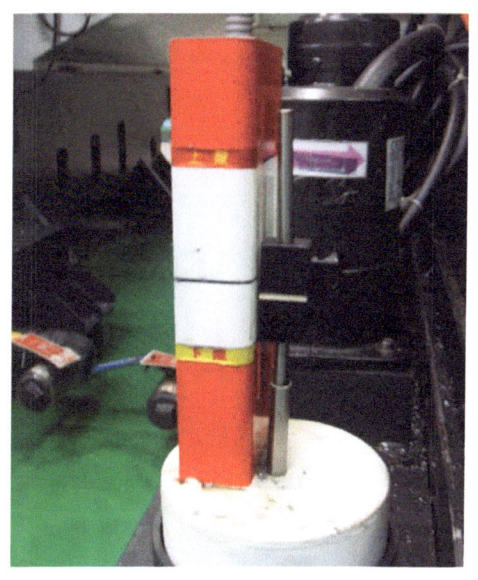

图 5-23 切削液箱液位管理

设备检查方式及周期管理示例见图 5-24。

（3）使作业简单化

许多设备的开机、停机、切换等过程很复杂，操作失误会对设备造成损害。应用目视管理手法，将设备复杂的操作步骤标识出来，就能使设备的操作简单化，减少失误的发生。图 5-25 ~ 图 5-27 为一些作业标识实例。

（4）建立目视管理使人能一目了然地了解生产现场的布局和工作要求

为此需要设置一系列图表，如生产现场平面布置图，图上标明每个工作地的

99

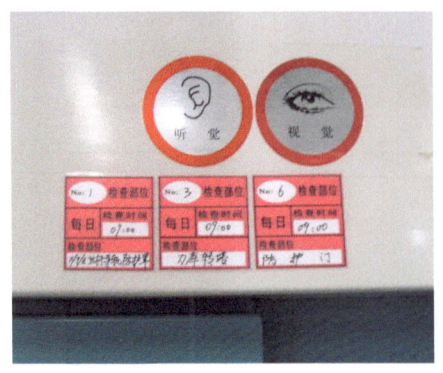

图 5-24　设备检查方式及周期管理示例

图 5-25　在使用位置标示操作注意事项

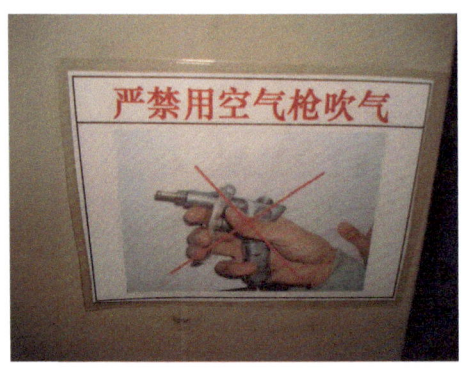

图 5-26　使用工具的禁用标示

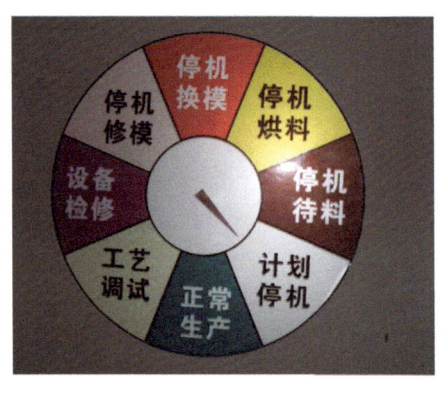

图 5-27　设备使用状态标识

位置、设备的型号、工人的岗位等，贴在各个工作地点。通过各种图表和工具，随时反映生产作业动态、产品质量、设备状况、制品库存、物流情况，让人一目了然，便于管理，如图 5-28 所示。

4. 推行目视管理的基本要求

推行目视管理，要防止搞形式主义，一定要从企业实际出发，有重点、有计划地逐步展开，在这个过程中，应做到的基本要求是：统一、简约、鲜明、实用、严格。

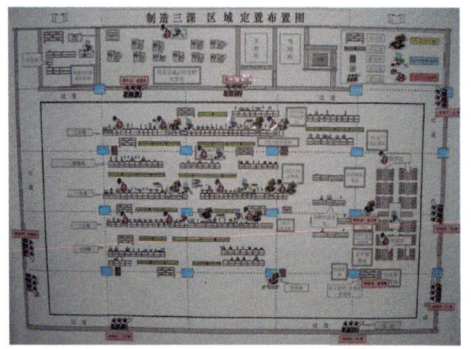

图 5-28　平面布置图

1）统一，即目视管理要实行标准化，消除五花八门的杂乱现象；

2）简约，即各种视觉显示信号应易懂，一目了然；

3）鲜明，即各种视觉显示信号要清晰，位置适宜，现场人员都能看得见、

第五章　6S 推进十大工具的妙用

看得清；

4）实用，即不摆花架子，少花钱、多办事，讲究实效；

5）严格，即现场所有人员都必须严格遵守和执行有关规定，有错必纠，赏罚分明。

如果目视管理的内容不能给人清晰易懂的判断，则失去了它应有的功能。

图 5-29 中警示用语的不文明，会给大家以反感，起不到警示作用。

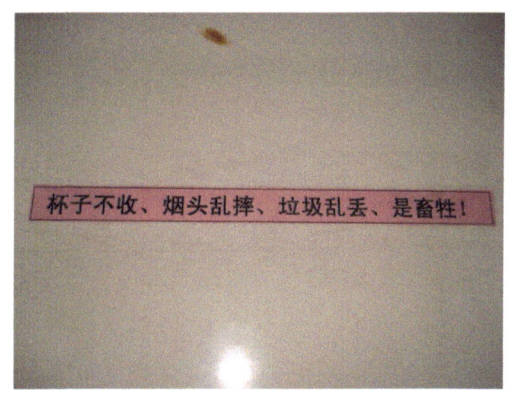

图 5-29　不文明的警示用语

5. 目视管理与提升产品质量的关系

企业的最终目的是创造更多的让客户满意的产品。企业做了很多管理活动，目的不外乎是使生产的产品能让顾客接受，而产品要让顾客接受，关键在于质量。假如质量不好的话，管理做得再多，也没有用。所以，目视管理首先要服务于全面质量管理。目视管理就是在反映质量的一种运作过程。

目视管理的方法都是为了质量控制，是为了达到质量要求而采取的作业技术和活动，挂红牌也好，看板也好，整理也好，目的都是在做质量控制。要让人们确信产品或服务过程能满足特定的质量要求，要制订必须有的计划，进行有系统的活动，明确产品是如何生产出来的、怎么管理的，这个叫作过程的质量保证。假如机器经常漏油、人员工作习惯不好，或者人员对整理整顿清扫意识性不高，生产出来的产品能有好的质量保证吗？

质量是企业的生命，今天的质量就是明天的市场，企业一定要有质量总目标，包括形成和保持市场质量的信誉，要根据消费者的需求导向进行专门的设计，提供质量上乘、价格合理的产品，而且要求服务周到。目视管理在 6S 管理中就是一种很制度化的、很明显的方法，通过看板、红牌等表现形式，实现达到最好的质量要求的宗旨。

图 5-30 是量具的计量周期管理，图 5-31 是量具的使用状态管理，图 5-32 是产品零件的差异化管理，这些目视管理能够有助于提高产品质量。

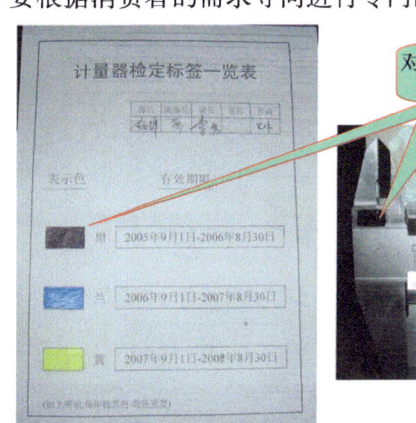

图 5-30　量具的计量周期管理

图 5-31 量具的使用状态管理

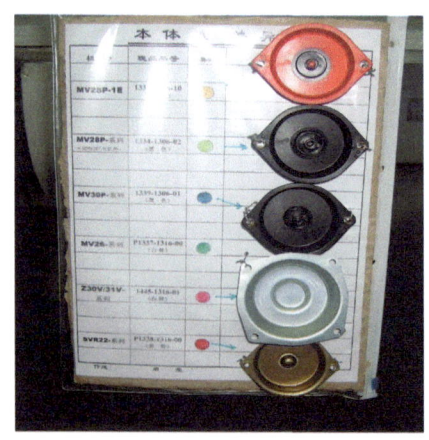
图 5-32 产品零件的差异化管理

6. 常见的目视管理事例

见图 5-33～图 5-44。

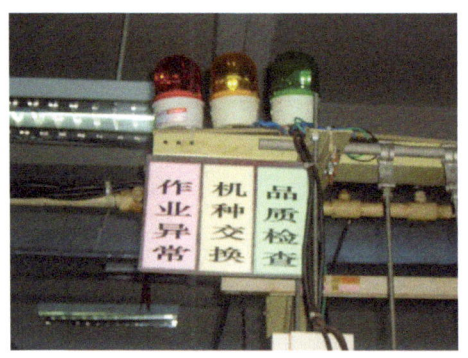
图 5-33 生产作业状态管理

图 5-34 产品零件架及标识

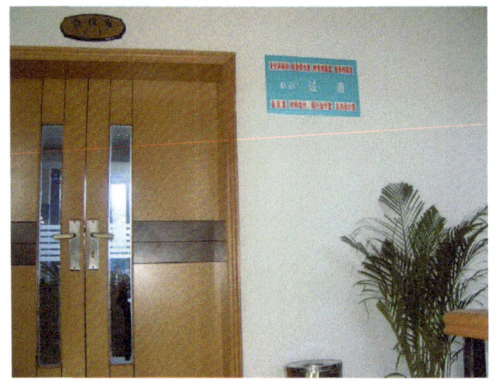
图 5-35 办公室房间识别标识

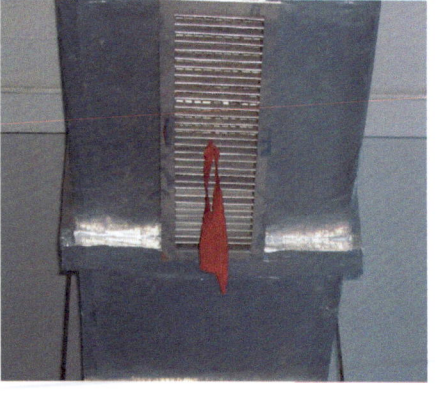
图 5-36 空调出风口标识带

第五章 6S推进十大工具的妙用

图 5-37　压力表压力规格指示标识

图 5-38　螺母紧固状态标识

图 5-39　管道色标及流向标识

图 5-40　生产厂地区域划分标识

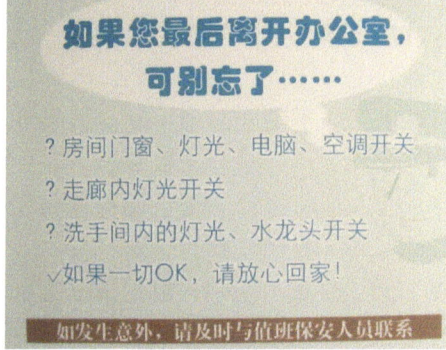

图 5-41　温馨提示标识

图 5-42　开关使用指示标识

103

图 5-43 卷帘门开启高度标识

图 5-44 安全警示标识

5.4 定点摄影

定点摄影这一工具的应用可以贯穿于 6S 生产现场管理改善的各个阶段，作为活动推行一个前后对比或阶段对比，展示改善的推进过程。

所谓定点摄影法指在同一地点、同一方向，将工厂的死角、不安全之处、改善的困难位置、不符合 6S 管理原则之处使用数码相机拍摄下来，在大家都看得到的地方公布展示，激起大家改善的意愿，然后将改善的结果再数次拍摄并公开展示，使大家了解改善的过程和成果。

利用定点摄影的方式，可对 6S 管理较差的地方或死角，定期地拍照、追踪，直到改善为止。

照片是一种保持记录的良好方法。

定点摄影主要是通过现场情况的前后对照和不同部门的横向比较，给各部门造成无形的压力，促使各部门做出整改措施。仅仅将定点摄影简单地理解为拍照是错误的，这表明推行者并没有掌握定点摄影的精髓。

定点摄影实施步骤：

1) 选择 6S 管理较差的地方或死角、不要物品、不安全之处、改善的困难位置、不符合 6S 管理原则之处；

2) 建立共识。将拍摄好的照片，交由 6S 推进小组讨论，选定具有改善代表意义的照片内容作为改善的主题。

3) 按改善周期、分阶段再次在同一地点、同一位置、同一角度拍摄改善后的现场，将实施 6S 管理前的情形与实施 6S 管理后的改善情况加以定点摄影并不断提出新的改善要求；

4) 制作定点摄影展示看板，将照片展示出来，使大家持续看到改善过程并

第五章　6S 推进十大工具的妙用

相互比较。

为什么定点摄影会激起较佳的改善意愿呢？

1. 不好意思——想改善。

照镜子时，如果发现有不理想的地方，一定得整理好才出门，否则给人看到后会觉得不好意思。当自己所负责的部门或区域被照相展示出来后，也会觉得不好意思，一定得赶快改善才行。

2. 每天都看得见——得改善

看得见的管理才是最好的管理，每天都展示出来，基于输人不输阵的心理，必须马上改善才不会没面子。每天进进出出都看得见，能提醒责任人改善的重要性。

3. 成果立竿见影——成就感

通过定点摄影的过程，将每次改善的成果显示出来，会让人觉得有成就感，而且会一直保持下去。

4. 由点到线到面——扩大参与面

看到别人已经在推行而且将实施成果展示出来后形成见贤思齐的心理，必须奋着直追，因而扩大了参与的层面，使得 6S 管理活动的推行较容易落实。

5. 作为日后教育培训资料——改善的坚持

定点摄影在生产现场管理应用后，可作为教育培训资料，能够对员工心理产生激励作用，是一个不错的有效促进坚持改善的方法。

在定点摄影的运用过程中，每个车间、每个部门只需要贴出一些有代表性的照片，并在照片上详细标明以下信息：现场的责任人是谁，违反了 6S 管理的什么规定，存在什么问题点，改善对策是什么。这样，就能将问题揭露得清清楚楚，这对存在问题的部门产生的整改压力是相当大的。改善前的现场照片促使各个部门为了本部门形象与利益而采取解决措施，而改善后的现场照片能让各部门的员工获得成就感与满足感，从而形成进一步改善的动力。

一般而言，定点摄影看板展示的内容和格式见表 5-3。

表 5-3　定点摄影看板展示的内容和格式

阶　　段	改　善　前	第一阶段改善	第二阶段改善	第三阶段改善
日期	年　月　日	年　月　日	年　月　日	年　月　日
部门： 场地： 责任人：	照片	照片	照片	照片
6S	□整理　□整顿 □清扫　□清洁	□整理　□整顿 □清扫　□清洁	□整理　□整顿 □清扫　□清洁	□整理　□整顿 □清扫　□清洁
问题点				
改善对策				

(续)

阶　　段	改　善　前	第一阶段改善	第二阶段改善	第三阶段改善
日期	年　月　日	年　月　日	年　月　日	年　月　日
部门： 场地： 责任人：	照片	照片	照片	照片
6S	□整理　□整顿 □清扫　□清洁	□整理　□整顿 □清扫　□清洁	□整理　□整顿 □清扫　□清洁	□整理　□整顿 □清扫　□清洁
问题点				
改善对策				
部门： 场地： 责任人：	照片	照片	照片	照片
6S	□整理　□整顿 □清扫　□清洁	□整理　□整顿 □清扫　□清洁	□整理　□整顿 □清扫　□清洁	□整理　□整顿 □清扫　□清洁
问题点				
改善对策				

实施6S管理行动前，第一件事是给工作场所拍照。这些照片在6S管理活动全面展开时，用来做比较。仔细标明每张照片的拍摄地点，以便得到照片拍摄前后的对比。相比较的前后照片都要注上日期。要拍摄彩色照片，对实施颜色管理有用。

开展富有建设性的批评是实行6S管理活动的基础之一。最理想的办法是创造出这样的一个工作场所，在此一眼就能看出缺陷，因而可以采取措施补救。同起步时拍的照片相比，企业应该把握时机进行前后照片的展览，把照片张贴在大家都能看得见的地方，把6S改善成果附在照片旁边。如有可能，奖励成绩最佳的作业区的员工，激励他们进一步改进。

图5-45、图5-46是定点摄影看板实例。

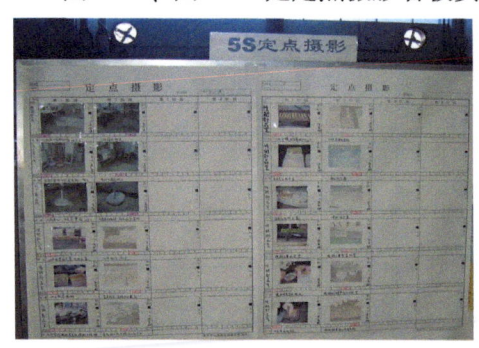

图5-45　定点摄影看板一

图5-46　定点摄影看板二

第五章　6S 推进十大工具的妙用

5.5 红牌作战

红牌作战，指的是在企业内，不断地找寻出所有需要进行改善的事物和过程，找到问题点，并悬挂醒目的红色标牌来标识问题的所在，让大家都明白，并持续不断地、积极地进行改善，从而达到发现问题和解决问题的目的。红牌作战经常贯穿应用于 6S 活动的整个实施过程中，对于预先发现和彻底解决工作场所的问题具有十分重要的意义。

在企业内，6S 推进办公室在工作现场巡回检查时，依 6S 管理对现场的基准要求，判断出有违反 6S 管理规则的情形及不符合的项目时，找到问题点，在其上面贴上红牌并填写表单编号、所在单位、红牌张贴理由及内容等，让大家都明白自己的现场存在的问题，并积极地在规定的时间内去改善，防止由于时间的拖延而导致问题被遗漏，从而达到 6S 管理改善的目的。

任何企业都有许多没用杂物、清洁卫生不合格的现场、乱摆乱放的物品、未及时修理的产品和设备等。用红色牌子给它们做上记号，使任何一个经过这一现场的人都能看清楚这个现场存在什么问题，有多少问题存在，凡被贴上红牌的物品和地方，责任部门必须自行检讨，制订明确改善标准和计划，如"什么是必需的"、"什么是没用的"、"应该怎样放置"等，免得引起争论或给人借口。红牌子要由不直接管理有关物品和作业区的人去挂。

红牌作战这一工具的运用，能给现场员工和管理者产生一种无形的压力，即使不罚款也能激励大家把工作做好。

1. 红牌作战的作用

使必需和非必需品都一目了然，现场的无序明显揭示，存在的问题点得以充分暴露，提高每个员工和管理者的自觉性和改进意识。

红牌上有改进的期限，一看就一目了然，引起责任部门的注意，及时清除非必需品、改善不符合 6S 管理要求的内容。

目前，红牌作战在企业 6S 管理的实际操作中运用得较少。究其原因，主要还是 6S 推进人员怕得罪人的缘故。

红牌作战的红牌形式见表 5-4、表 5-5。

表 5-4　红牌形式（一）

责任单位：　　　　　　　　　　　　　　　　　　　　　　编号：

项目区分	物料，产品，电气，作业台，机器，地面，墙壁，办公桌，文件，档案，窗台
红牌原因：	问题点描述：
判定人	

（续）

处理方法：

责任人：

处理结果：

确认者：

表 5-5　红牌形式（二）

责任部门（责任区）	
问题现象描述	
理由	
发布部门	
改善期限	
改善担当	
改善内容	
结果	
效果确认	1. 可（关闭）　2. 不可（采取对策）

红牌样式见表 5-6～表 5-8。

表 5-6　红牌样式（一）

红牌	
类别： 1. 原材料　2. 在制品　3. 清洁用具　4. 备件&夹具类 5. 私人用品　6. 设备　7. 其他	
物品名称：	
物品数量：	
原因： 1. 不需要　2. 废品　3. 过量　4. 定置不合理 5. 标识不完整　6. 不明物　7. 其他原因	
责任部门/姓名：	
行动建议： 1. 丢弃　2. 归还原处　3. 放入"5S 免责品"区 4. 放入库房　5. 其他	
贴牌时间：	要求整改时间：
红牌编号： 贴红牌人：	其他备注：

表 5-7　红牌样式（二）

表 5-8　红牌样式（三）

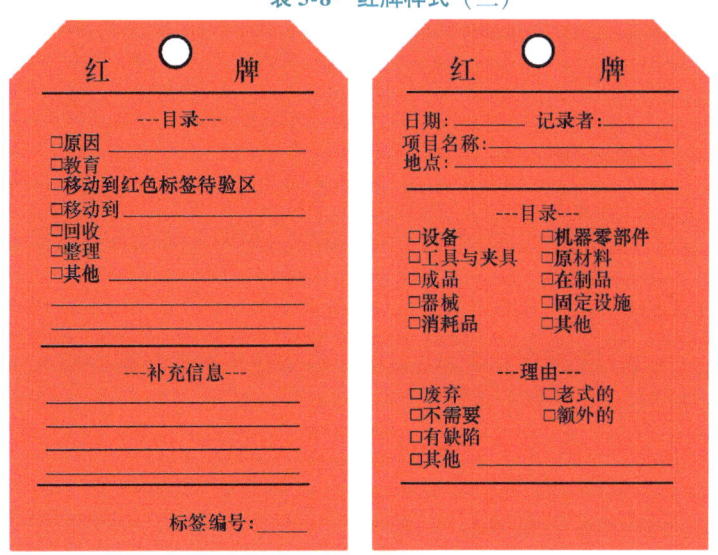

对现场悬挂的红牌改善过程和结果要进行持续的跟踪，对改善完成的红牌要及时摘掉，并进行统计汇总，监督效果的保持状况。对没有按期完成改善的红牌，要督促管理者和员工，抓紧时间进行改善，不能因为人少、事多、没钱等借口，拖延问题点的改善。

红牌作战记录追踪表见表 5-9。

2. 红牌作战的注意事项

1）首先要向全体职工说明挂红牌是为了把工作做得更好，要以正确的态度来对待，不可以置之不理，也不应认为是一种奇耻大辱。所以在实施红牌作战之前，一定要向所有员工说明红牌作战的正确意义，并指出什么样是最好的，什么样不好，标准是什么，使每个人都可以正确地判断。

表 5-9　红牌作战记录追踪表

区域：　　　责任人：　　　检查人：

编　号	存在问题描述	处理方案	红牌日期	承诺完成日期	实际完成情况

2）挂红牌时，理由一定要充分，事实一定要确凿，而且要区分严重的程度。已经是事实，就要实实在在地把问题表现出来；仅仅是提醒注意的，可以挂黄牌或者不挂。

3）挂红牌频率不宜太多，一般一个月一次，最多一周一次。挂红牌不是随时随地，不能像开罚单一样违规就开。到了不得已，一定要改进时，就要挂红牌。但是一般可以马上改进或修改的，就没有必要去挂红牌，用黄牌来表示就可以了。

3. 实施红牌作战的几个步骤

（1）红牌作战方案的出台

- 方案制订的人员：每个部门的领导及6S推进办公室成员。
- 方案出台前重点要求：教育现场人员不可以将无用的东西藏起来，不能在要检查时临时突击整理、清扫以制造假象。

（2）挂红牌的对象

任何不符合6S管理要求的物品、区域都是挂红牌的对象，如：

- 库房：原材料、零部件、半成品、成品设备、机械、库房环境。
- 设备工具类：设备、工具、夹具、模具、桌椅、辅具、管道。
- 设施：储存架、货架、流水线、电梯、车辆、看板等。
- 区域：各类产品放置区、工装放置区、休息区、卫生间、厂房环境区域。

（3）判定的标准

明确什么是必需品，什么是非必需品，什么叫摆放整齐，什么叫干净等，要把标准明确下来。例如，工作台上当天要用的是必需品，其他都是非必需品，非必需品放在工作台上就要挂红牌。目的就是要引导乃至要让所有的员工都养成习惯，把非必需品全部改放在应该放的位置。

（4）红牌的发行

红牌应使用醒目的红色纸，记明发现区的问题、内容、理由、改善时间。

（5）挂红牌

相关部门的人也觉得应该挂时，才能挂。红牌要挂在引人注目的地方，不

要让现场的人员自己贴,要理直气壮地贴红牌,不要顾及面子。红牌就是命令,不容置疑。挂红牌一定要集中,时间的跨度不可过长,也不要让大家因挂红牌而感到厌烦。

(6) 挂牌的对策与评价

也就是对红牌要跟进,一旦这个区域或这个组,或这个机器挂出红牌,所有的人都应该有一种意识,马上都要跟进,立即改善,对实施的效果要进行评价,甚至要将改善前后的实际状况拍照下来,作为经验或成果向大家展示。

4. 红牌作战的实施时机

在 6S 管理活动实施初期,由于现场问题点较多,如果这个时候实施红牌作战,就会在现场造成红牌漫天飞的景象,到处都需要改善,到处都是红牌,这样给现场员工和管理者造成的心理负担过重,他们会产生很大的逆反心态,给今后的 6S 管理活动造成阻碍。

因此,建议要在 6S 管理活动推进 3 个月或 6 个月后再实施红牌作战,在现场大部分问题点得到改善后,针对还没有改善的少量问题点进行挂红牌。红牌作战的目的不仅是把问题点揭示出来,也是要形成一定的压力,督促大家去积极地改善。

不能挂成漫天飞的红牌(图5-47)。

图 5-47 漫天飞的红牌

5.6 改善手法(改善提案制度)

为了使现场改善能持续不断地进行下去,企业要设立改善提案奖励机制。这个机制应由几部分构成。

首先是由改善提案委员会负责日常工作,对怎样展开改善提案的活动进行说明宣传,以激发全厂职工参与的热情。设计专门的改善提案表格,发放下去,动员全体员工,集思广益,充分发挥大家的聪明才智,提出改善建议,同时指定 6S 推进办公室专人负责收集上交的提案,提案要登记在册,然后根据收集到的提案的多少,以及提案内容的轻重缓急,执行整改的难易程度,决定改善提案评审会议的召开。

其次,要从各部门选出人员来构成一个改善提案评审委员会,当然这个评审委员会是兼职的。定期或不定期地对收集来的改善提案进行评审。每个评审委员除了要对改善提案做出客观公正的评审之外,一旦提案获得通过在落实时,还必须负责对实施的效果进行跟踪等。

评审委员会对改善提案进行评审时,一方面要决定是否采纳,另一方面是要对改善提案提交者进行奖励的金额做出评定。奖励通常分为两部分,一部分是根据落实改善提案后所取得的经济效益相关的百分比,计算出来的奖金;一部分是精神奖励性质的奖金,即不管改善提案是否采纳,不管改善提案是否合理有价值,只要提出了改善提案,都给予一定的物质奖励,目的在于激发大家的参与。

一些企业对于推动企业的改善提案活动非常舍得投入。比如某企业的奖励就非常具有吸引力,如果技术人员对本企业的产品做出了一项技术上的改善,降低了生产成本或提高了生产效率,那么只要这种产品生产,就会根据生产中所产生的效益给予奖励。没有时间限制,相当于取得专利那样,只要企业使用专利,就给予奖励。

一些企业,为了鼓励员工的参与热情,专门拨出专用资金进行奖励,从发放奖励品,到直接发放奖金。从原来的要求提案要符合怎样的规定才行,到只要简单地说出一个想法也行。在每件改善提案的奖励之外,再在年度的员工表彰大会上,对那些提交改善提案多的员工进行特别嘉奖。

在日本企业界,本田汽车这个创立于1946年的企业能够在短短几十年内取得好成绩,与它的创立者本田宗一郎的优质管理有很大关系。本田在经营中一直遵循着的一些原则和规定已经渗透到企业的每个角落,成为人们所说的本田管理模式。本田管理模式的重大原则之一就是"造就独创型的人才",而引进改善提案制度,正是造就独创型人才的一个具体做法。在1953年,本田率先引进了合理化建议制度。到20世纪70年代,一年所提建议总数突破10万件,每4件中有3件被采纳。对于优秀的建议,本田给予免费出国旅游的奖励。

总之,即使员工提交的改善提案没有多少实际价值,这个活动也必须一直坚持下去。因为能够让员工想到为企业的改善而思考,对企业来说,这本身就是一个最大的收获。因此如果能将这个改善活动持续下去,收获的不只是几个具体的改善方案,还有全体员工对企业的关注、关心和热情,这是多少钱也购买不来的。

持续改善主要表现在将6S制度化、标准化、习惯化,将6S作为企业的平常状态永远保持下去,不仅仅是员工提升素养,更重要的是纳入企业根基中,与企业发展命运联系起来,与实现战略目标联系起来,形成制度,将好的做法标准化,形成企业整体的管理习惯,人人都在贯彻6S,都在使用其中渗透的各种管理方法来规范自己的工作;还表现在将6S与其他改善企业管理和提升品质的先进方法融合在一起。

5.7 PDCA 循环

在每一个企业管理过程中,通过长期的无数小小的变革就能实现对整个企业的持久改善，从而获得巨大的成效，这是经过很多优秀企业印证过的。每一步都很小，这儿一个小变化，那儿一个小改进，长期积累后就能发展出完全不同的现场、产品、过程或服务。PDCA 循环是由美国统计学家戴明博士提出来的，它反映了质量管理活动的规律。

- P（Plan）表示计划；
- D（Do）表示执行；
- C（Check）表示检查；
- A（Action）表示处理。

PDCA 循环不仅是提高产品质量，同时也是改善企业经营管理的重要方法，是保证企业管理体系运转的基本方式。因此，PDCA 循环这一工具已经被广泛应用于企业管理中。

6S 工作推进计划是整个 6S 推进活动的重要战略部署，只有切实地了解企业各种背景状况和现状，制订出有效的相关改善措施，才能打一场有把握之战。有好的作战部署即推进工作计划，整个 6S 活动也就成功了一半。

立于不败之地，要做好万全的准备。要测必胜之谋。——《孙子兵法》

进行 6S 活动推进工作，也就好似打仗一样，一定要做好充分的准备工作，就是要做最好的准备，要有打胜仗的谋略，考虑到方方面面可能出现的问题，测必胜之谋就是要推动 6S 的作战部署，也叫 6S 工作推进计划。中国有一句老话，好的开始就是成功的一半，好的 6S 工作推进计划本身就是一个好的开始。

按照美国质量管理专家戴明的圆环原则，计划一般分为四个部分。

1）准备阶段，包括成立 6S 活动推进组织，对改善现场作充分的静态和动态诊断，制订合理的 6S 方针和目标，有针对性地进行培训教育和宣传策划等。

2）实施阶段，包括各部门按照 6S 工作推进计划的内容，在各自部门具体实施，这一阶段工作紧、任务重，实施的质量和结果影响整个 6S 活动的结果。

3）评价阶段，包含定期的评价，不定期的评价，随机的抽查，讨论的会议记录、过程描述，还有阶段总结报告等。

4）反思改善阶段，它涵盖了实施过程中问题点的整理，研讨改进措施，实施对策的合理有效性分析，以及今后的工作方向。

戴明的圆环（图 5-48）里面可以用四个英文字母来表示，即 P、D、C、A。

PDCA 循环有如下四个特点：

1）大环带小环。如果把整个企业的 6S 推进工作作为一个大的 PDCA 循环，那么各个部门、班组还有各自小的 PDCA

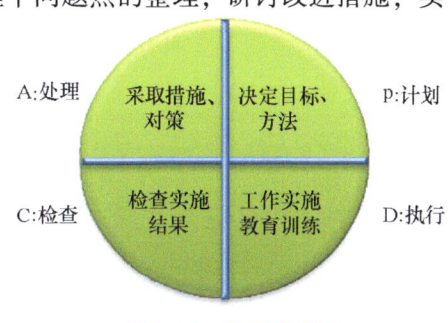

图 5-48　戴明圆环图

循环，就像一个行星轮系一样，大环带动小环，一级带一级，有机地构成一个运转的体系，不断地循环改善下去。

2）阶梯式循序上升。PDCA 循环不是在同一工作水平上循环，每循环一次，就可以解决一部分问题，取得一定的工作成果，工作就前进一步，上一个台阶，水平也就提高一步。到了下一次循环，又有了新的目标和内容，每次实施后都能更上一层楼。

下面图 5-49 表示了这个阶梯式循环上升的过程。

3）科学管理方法的综合应用。PDCA 循环应用以 QC 七种工具为主的统计处理方法以及工业工程（IE）中工作研究的方法一起，作为进行 6S 工作和工作中发现、解决问题的工具，它是一种可以广泛运用的有效工具。

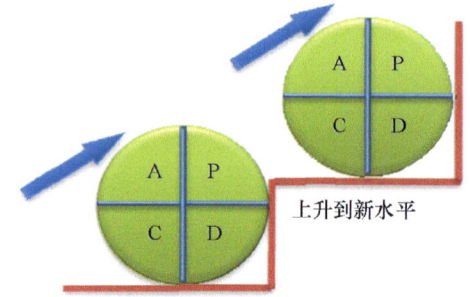

图 5-49　PDCA 循环的阶梯式循环上升

4）不断地总结提升。每一个循环，都是一次总结提升的好机会，通过过程的实施以及结果的确认，都能提炼出值得发扬光大的亮点，以便在今后的工作中加以运用。

PDCA 循环的四个阶段又可细分为八个步骤，每个步骤的具体内容和所用的方法如下表 5-10 所述。

表 5-10　PDCA 循环的步骤和方法

阶　段	步　骤	主　要　方　法
P	1、分析现状，找出问题	排列图、直方图、控制图
P	2、分析各种影响因素或原因	因果图
P	3、找出主要影响因素	排列图、相关图
P	4、针对主要原因，制定措施计划	回答 "5W1H" 为什么制定该措施（Why）？ 达到什么目标（What）？ 在何处执行（Where）？ 由谁负责完成（Who）？ 什么时间完成？ 如何完成（How）？
D	5、执行、实施计划	
C	6、检查计划执行结果	排列图、直方图、控制图
A	7、总结成功经验，制定相应标准	制定或修改工作规程、检查规程及其他有关规章制度
A	8、把未解决或新出现问题转入下一个 PDCA 循环	

6S 管理活动的推进，离不开管理循环的不断转动，这就是说，对于改进与解决现场存在的 6S 问题点，都要运用 PDCA 循环的这一科学工具。不论是提高效率、产品质量，还是减少不合格品、减少浪费，都要预先提出目标，即在现有的水平上提高到什么程度，生产效率提高多少？不合格品率降低多少？都要有个目标和计划，这个计划还要包括实现这个目标需要采取的各项措施，在计划制订并通过认可之后，就要按照计划实施，并作相应的检查，看是否实现了预期效果，有没有达到预期的目标，一定要通过检查找出问题和原因。最后就要进行处理，将经验制订成标准、形成制度，将教训总结出来，告诫大家，避免下次再犯同类错误。

5.8 看板管理法

看板管理是通过在生产现场和办公场所展示的各类看板，将管理内容公开、公正、及时、准确地在反映在看板上，达到管理者和员工明确工作状态、进展、问题、要求、标准、程序等管理内容的一种管理方法和手段。

管理看板是一流现场管理的重要组成部分，管理看板是发现问题、解决问题的非常有效且直观的方法和手段，是给客户信心、提升企业形象以及在企业内部营造一种竞争氛围，提高管理透明度的非常重要的方法和工具。

本书所指的看板管理与精益生产中所指的看板管理是不同的。精益生产中的看板管理，是丰田生产模式中的重要概念，指为了达到准时生产方式（JIT）控制现场生产流程的工具。

管理看板是管理可视化的一种表现形式，即对生产过程中的数据、信息等的状况一目了然地表现出来。它主要是对管理项目、特别是各类管理信息进行透明化、公开化的管理。它通过各种形式如标语、现状板、图表、文字、电子屏等，把文件上、脑子里或现场等隐藏的信息揭示出来，以便工作现场的任何人都可以及时掌握管理现状和必要的信息，从而能够快速制定改善对策并实施。因此，管理看板是了解现状、发现问题、解决问题的非常有效且直观的手段，是优秀的现场管理必不可少的工具之一。

1. 看板管理的作用

管理看板的使用范围非常广，应根据需要选用适当的看板形式，如能全面有效地使用管理看板，将产生良好的影响。

（1）准确传递信息，统一认识

现场工作人员众多，将信息逐一传递或集中在一起讲解有时是不现实的。通过看板传递既准确又迅速，还能避免以讹传讹或传达遗漏的现象。

（2）防微杜渐，帮助管理

每个人都有自己的见解和看法，企业可通过看板来引导大家统一认识，朝共同的目标前进；板上的数据、计划、结果等内容便于管理者进行判定、决策或改进；也便于新人更快地熟悉业务和流程。

已经公布出来的计划，大家经常看看就不会遗忘，进度跟不上时也会形成压力，从而强化了管理人员的责任心。明确管理状况，营造有形及无形的压力，有利于工作的推进。

（3）强势宣传，形成改善意识

将公司的各项政策、制度、要求以看板的形式公布出来，使管理者和员工明确理解企业的目标和要求，这样就可以确定努力方向，不断按上级改善要求完善自己的工作。同时，多样化的宣传是营造现场活力的强有力手段，企业需要这种氛围。

（4）褒优贬劣，绩效考核公正、公开、透明，促进公平竞争，营造良好竞争氛围

各部门工作成绩通过看板来展示，差的、一般的、优秀的，一目了然，无形中起到激励先进、促进后进的作用。同时，以业绩为尺度，防止绩效考核中的人为偏差和偏见。另外，还可以让员工们及时了解公司绩效考核的公正性，积极参与正当的公平竞争。将各部门每个阶段的改善成绩展示出来，让参与者有成就感、自豪感。展示改善的过程和成果，让大家都能学到好的方法及技巧，相互学习，共同进步。

（5）加深客户印象，提升企业形象。

看板也能让客户迅速全面地了解企业的管理现状和未来发展目标，让客户或其他人员由衷地赞叹公司的管理水平，并留下良好的印象，从而对企业和企业的产品更有信心。

2. 看板管理的内容与要求

看板制作的总体要求：

> 版面设计合理，容易维护
> 信息动态更新，一目了然
> 管理内容丰富，引人注目
> 放置位置适当，方便阅读

看板管理的内容十分广泛，包括以下几类。

（1）区域看板

区域看板比较简单，看板内容主要标示区域内各种物品的名称，如成品区、半成品区、原材料区、待处理区等，将看板统一放置在现场划分好的区域内的固定醒目位置。

（2）品质看板

品质看板的主要内容有生产现场每日、每周、每月的品质状况分析、品质趋势图、品质事故的件数及原因分析及改善对策、员工的技能状况、部门质量方针、品质教育等。

（3）设备看板

设备看板可粘贴于设备上，也可在不影响人流、物流作业的情况下放置于设备周边合适的位置。设备看板的内容包括设备的基本情况、点检记录、点检部位示意图、润滑状态、机器故障情况、趋势和改善目标，主要故障处理程序、管理职责等内容。

（4）生产管理看板

生产管理看板的内容包括作业计划、计划的完成率、生产作业进度、人员配置、作业中问题的描述及处置、车间的组织结构、成本管理资料、交货期信息等内容。见表5-11 生产线人员配置管理板。

表5-11　生产线人员配置管理板

×月×日（周）×××组人员配置管理板				
设备名	人数	今日计划数	历史最高人均产量	备注
1号生产线				
2号生产线				
3号生产线				
4号生产线				

（5）提案改善展示看板

提案改善展示看板内容包括公司及各单位6S改善组织机构、改善过程、改善成果等。

（6）人员管理看板

人员管理看板的内容有本部门人员构成、人员能力评价、出勤状态、考核情况等。见表5-12 人员去向显示板。

表5-12　人员去向显示板

姓　名	去　向	离开时间	联络电话	预定返回时间	备　注

注：1. 离开岗位人员填写；
　　2. 返回后擦掉。

（7）制度、流程类看板

制度、流程类看板的内容包括企业的管理制度、岗位职责、工作流程、安全管理要求等。

按照责任管理区域和权限的不同，一般可以分为公司管理看板、部门车间管理看板、班组管理看板三类。

下面我们通过部分事例来简单说明如何运用看板管理。

例1. 目标分解展示看板

目标分解展示看板能使高层领导从日常琐碎的管理中解脱出来。所谓目标分解，是企业经营管理的一级指标向下面二级、三级指标层层展开的一个目标分解图。制订时必须根据企业经营方针，对主要的指标进行重点分解管理，一般步骤如下。

第一各项目标设定：进行对比后选定课题，确定各项目标。

第二目标展开：按各部门生产及人员综合能力将目标展开，树立对策执行体系。目标一般可以按照产品、工序、原因等来分解。

第三对策选定：对目标确定后制定的对策进行检讨、选定，制定对策方案、实施并验证。

例2. 设备计划保养维护日历

设备计划保养维护日历是指设备预防保养计划，包括定期检查、定期加油及大修的日程，以日历的形式预先制订好，并按日程实施。优点是就像查看日历一样方便，按日程行事，而且对于日历上记载的必须做的事项，方便在完成后做好标记。见表5-13轴承更换管理板，就是提醒维修人员及时更换磨损的轴承。

表5-13 轴承更换管理板

轴承更换管理板			
(线名_____ 设备名_____)			责任人：_____
轴承位置	规格	下更预定交换时间	前次更换时间	备注

例3. 区域责任管理看板

区域责任管理看板是将部门所在的区域（包括设备、设施等）划分给不同的班组，由各班组负责整理、整顿、清扫、点检等日常管理工作。这种看板的优点是从全局考虑，不会遗漏某区域或设备、设施，是彻底落实责任制的有效方法。

例 4. 安全无灾害看板

安全无灾害看板的目的是为了预防安全事故的发生而开展的每日提醒活动，包括安全无灾害持续天数、安全每日一句、安全教育资料与信息、安全事故分析与警示。一般设置在车间大门口员工出入处或班组休息地等员工集中的地方。

例 5. 班组管理看板

班组管理看板集合了班组目标、人员及出勤管理、业务联络、通信联络、管理资料、合理化建议、宣传教育等内容，是班组的日常管理看板，一般设置在休息室或班组开早会的地方。

例 6. 定期更换看板

定期更换看板是根据设备零件的使用寿命定期进行更换的管理看板，一般粘贴在需要更换作业的部位，方便任何人检查或监督。优点是能将文件上或计算机里要求的作业事项直观表现于现物上，不容易遗忘，便于管理。

例 7. QC 小组活动看板

QC 小组活动看板是开展主题活动必要的手段，主要是针对特定的工作失误或品质不良运用 QC 工具展开分析讨论，并将结果整理在大家容易看到的地方，以提醒防止发生这样的问题，而且大家随时可以提出新的建议并进行讨论修订。

例 8. TPM 管理看板

TPM 管理看板是为了持续推进 TPM 管理活动而进行的分 7 个阶段的企业内部管理看板，展示 TPM 管理活动进展状况，体现 TPM 小组活动水平的高低和活动的推进效果。

例 9. 管理类看板的应用及案例

管理类看板主要用来展示现场的管理运作状况。常见的有：生产计划看板、生产线状态看板、质量管理与信息看板、制度看板、现场布局看板、收发货动态看板等。

（1）生产计划看板

生产计划看板主要是针对本阶段的工作计划而制成的，主要内容包括产品的名称、本月计划数据、本月实际完成数以及进度完成情况等，必要时分解到周、日。生产计划看板通常置于生产管理部门办公室的墙面上，班组分解的生产计划看板也可置于生产现场中，给员工一种赶超目标的动力。

（2）生产线状态看板

这种看板在生产线上出现的比较多，随着微电子技术、电子技术的快速发展，管理看板由过去的人工填写改为电子显示屏实时显示，如在生产线头的显示屏上，随时显示生产信息（目标、实际生产数量、差额数等），使各级管理人员随时都能掌握生产情况，真实、直观，一目了然。

（3）现场看板

这种看板主要采用电子显示屏进行实时显示，所有生产过程全部用计算机进行监控，生产过程都会在计算机显示屏上实时进行动态显示，操作者只要根据计算机显示屏上显示的信息来进行操作即可。

（4）电子类看板

电子类看板可以将生产、消耗、品质、设备状况转化成可视化管理，可让相关人员在第一时间发现问题，并解决问题。电子类看板通过把信息系统引入传统的看板系统，直观、及时、动态地反映现场管理状态。

3. 红牌作战与看板作战的区别

红牌作战与看板作战是6S管理活动推进中常用的工具。

红牌作战：是为了让大家分清楚在生产现场、厂区环境、办公区域哪些是必需品，哪些是非必需品，及时清理不要品，提示现场存在什么问题，并针对问题进行改善的一种工具。

看板作战：是为了让员工明白企业及部门管理的现状、工作的要求及工作目标的方法，以便使相关的人员能掌握目前的工作状况，明确知道与目标和要求的差距而进一步改进的一种工具。

如在物品管理上，看板管理和红牌作战这两种方法分别见图5-50、图5-51。

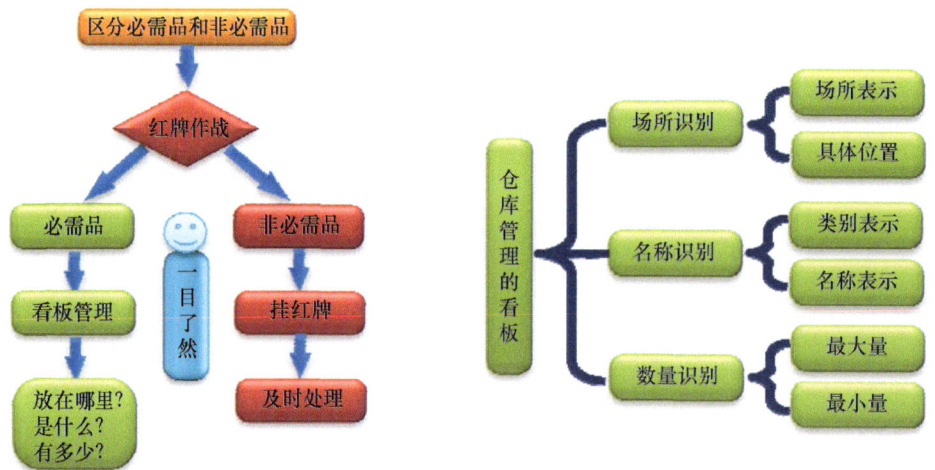

图5-50　红牌作战图　　　　图5-51　仓库管理的看板作战图

在企业中，日常的看板事例见图5-52～图5-54。

第五章　6S 推进十大工具的妙用

图 5-52　看板事例（一）

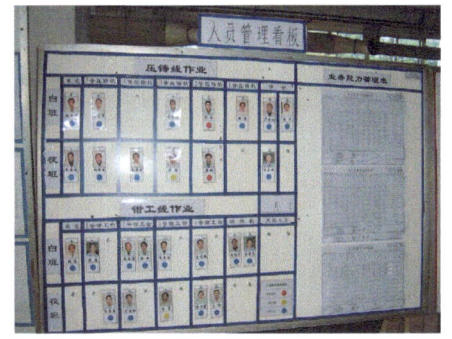

图 5-53　看板事例（二）

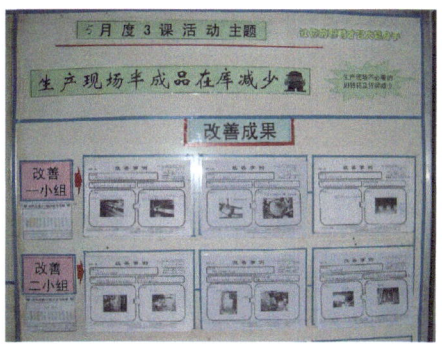

图 5-54　看板事例（三）

5.9　十分钟教育（班前、班后）

十分钟教育又叫单点教材（简称 OPL：one point lesson），它是把现场一个问题点的解决方案，由员工利用自己与工作相关的知识、技巧或经验等，在相关技术、质量、设备等管理人员指导下，编写成 OPL 教材后，用于班组内部的交流和传授来起到教育作用。它的制作原则是：教材的制作时间不超过 10 分钟，讲授时间不超过 3 分钟，用一张 A4 纸书写，通过图文并茂的形式交流经验，同时积累、保存知识点。

OPL 活动作为 6S 管理活动中进行现场培训和辅导的重要方法，它不仅能进行知识、技巧或经验的传递，还能提升员工的参与意识和荣誉感。所以，许多企业在推行 6S 管理活动时，都会把 OPL 当成一种重要的推进工具。

OPL 教育活动在生产现场 6S 管理活动中深入开展下去的方法如下所述。

1. 培训并制定活动规范和激励机制

1）要推行 OPL 训练活动，首先要对员工进行培训，让员工明白 OPL 的概念，推行 OPL 活动对企业的好处、对员工自己工作的好处，让员工明白如何根据自己工作中的问题开发 OPL 课程、如何进行 OPL 教材编写和讲解。其次，制定活动规范，通过活动规范，使员工明确编写 OPL 教材和审核 OPL 教材的流程，确定 OPL 教材的审核组织和人选。

2）确定奖励机制。比如：每编写一篇 OPL 教材并被采用，奖励 50 元。进行 OPL 课程讲解训练，并达到效果的，再奖 100 元。

企业和部门领导要动员每个员工把自己的智慧贡献出来，积极编写 OPL 教材，这样才能够引起大家对这项工作的重视，员工才可能自主去编写。为了让大家动起来，领导可以主动引导激发那些有心得和经验的员工，鼓励和帮助他们将自己的经验编写成单点教材，并鼓励他们上讲台来讲解自己的心得体会。

2. OPL 课题发掘

课题挖掘可以从三个方面进行，一方面来自员工自己的发现，员工自主将自己在工作过程中发现的问题、将自己总结的经验编成 OPL；另一方面是基层管理者、班组长提出的攻关课题，要求员工动脑筋加以解决，并总结形成培训教材；也有一些是员工虽然做了某些具有指导和推广意义的工作或者改善，但自己并不以为然，也不善于总结，其上级主管发现后通过引导和提示，帮助这个员工总结提炼成培训教材。

3. 编写和讲解的示范带头

在企业推行 OPL 活动的初期，一般是由公司或现场的管理人员、质量、技术、设备人员等先进行 OPL 教材编写试点，并进行讲解演练。这样会起到积累经验和样板带动的作用。

企业刚开始进行 OPL 活动时，没有经验，需要一些技能水平较高、思维敏捷、讲解水平较高的骨干人员带头摸索，将有关 OPL 的理论知识结合到本企业的实际工作当中来。

随着 OPL 活动的持续开展和经验的积累，OPL 编写格式会越来越格式化、标准化，选题、编写与训练辅导的整个流程也会随之成熟和标准化。

这样，这些骨干人员就可以带动一般员工参加到 OPL 编写、培训和讲解中来。

4. 开发方法训练

在活动一开始就让一般员工直接编写 OPL 教材，他们会不知所措，所以先要让员工熟悉 OPL 教材编写要求。

由 OPL 编写试点人员编写有关 OPL 活动的培训材料。然后，根据活动安排情况，利用班前班后及生产间歇时间对员工进行训练，讲解 OPL 教材格式，培训他们教材编写的技巧和讲解技巧，并在现场进行编写示范或练习。

5. 员工参与 OPL 教材编写

（1）OPL 教材格式要求

OPL 教材一般使用一张 A4 纸编写，图文并茂、简单易懂，避免大段大段的文字。

企业为了统一管理,可以统一编制 OPL 教材编制模板,这样就便于统一展示,统一成册保存。因为进行完 OPL 现场训练(讲解)过后,要将 OPL 教材登记并展示,便于大家今后参考。最后编辑成册,统一管理,形成企业知识管理的一部分。

模板格式中要包括以下内容:

1)主题:OPL 教材的命题(简单明白)。

2)编制人员:教材的编写人员。

3)审核人员:确认教材的准确性及可行性。

4)编号:对 OPL 教材建议采用部门+年+月+顺序号的方式进行编号,如 SC201406018 表示生产部 2014 年 6 月第 18 份 OPL 教材。

5)正文编制:图文并茂,深入浅出,主题明确,思路清晰,简单易懂。主体内容本身要有现场应用价值,可推广,便于学习者实践运用。

6)培训人员:对可能参与 OPL 教材的编写和讲解人员进行培训,并有培训记录。

(2) OPL 教材的编写要求

1)文字描述既要简明扼要又要表达完整和准确。如果用词不当可能会不易理解,这样就使 OPL 教材失去了指导示范作用。预防误解或者错误,不仅要求编写者用心,还要求审核者认真。

2)内容排版布局合理,美观。要采用图表文并茂的方式,有助于理解。

3)OPL 教材的内容逻辑清晰,简单明了,要做到不用讲解也能看懂,因为 OPL 教材要进行看板展示或存档留存。

编写 OPL 教材应该体现 5W2H,即:

- 讲的什么(What)——内容;
- 谁来讲、谁来学(Who)——讲师与受训对象;
- 应用在何处(Where)——应用的场合;
- 何时应用,何时进行培训(When)——应用时机以及培训时间记录;
- 为什么这样(Why)——原理,理论根据;
- 如何做(How)——方法、手段、工具的应用;
- 做多少,做到什么程度(How much,How many)——作业标准,作业规范,评价标准。

如果用最简练的语言包含了上述内容,就是最优秀的 OPL 教材。

6. OPL 教材审核

公司指定一些企业内部的相关专业(生产、质量、技术、设备等)人员组建 OPL 教材审核小组。

员工编写完成后上交 OPL 教材,OPL 审核小组进行审核。然后,把审核通过的 OPL 教材反馈给各部门，并要求各部门把通过的 OPL 教材安排时间进行讲解。讲解完成后，将教材展示到生产现场的管理看板上，这样可以方便更多员工利用工余时间对 OPL 教材的学习和交流。循序渐进，逐渐积累，不断提高员工的技能水平。

OPL 教材评审主要应关注 OPL 的实际性、合理性和可推广性，只要 OPL 是合理的，又是基本符合实际情况的，就要加以鼓励。不能要求每个 OPL 都是金科玉律，应该允许水平不高的 OPL，但要不断遴选优秀的 OPL，并给予肯定和激励，以维持员工编写 OPL 的积极性。

7. OPL 教材的讲授

课程讲授者一般为课程开发人员，自己选课题、自己开发课程、自己讲解课程。为了让一般员工也有勇气进行讲解，要提前进行 OPL 讲授训练，便于普通员工进行充分准备。

但如果课程开发人员确实不善于讲解，也可以由其他熟悉这个专题的员工代替作为讲师。

8. 激励

激励是 OPL 管理方法 PDCA 的最后一个环节，是让这种形式可持续开展的有效手段，OPL 中的激励应该以"制度"形式固定下来，并且要认真研究 OPL 的评价流程、激励形式、激励强度等。在 OPL 活动之初，每个 OPL 课程教材不论水平高低都适当给予一定的编写费，每培训一次给予一定的报酬，以此来引导 OPL 活动的开展。在 OPL 进入成熟阶段时，可通过优秀 OPL 课程评选、OPL 培训效果评价等方式，定期评选优秀 OPL 编写人、优秀 OPL 讲师，以此来提升 OPL 的编写水平和培训效果。

9. OPL 活动的持久化

为了使 OPL 教育活动做到全员化和持久化，应该：

1）制定部门目标：每个部门每个月必须编写出一定数量的 OPL 教材。

2）每年度企业公开进行优秀 OPL 教材评选，进行看板展示并汇编成册，给予奖励并大力宣传。

3）OPL 活动要与改善提案活动结合。将 OPL 教材的内容作为改善提案的一种形式进行申报，将两者的激励和发表进行统一，将改善提案的全员参与性直接引入到 OPL 活动中来。

企业优秀的 OPL 教材是非常宝贵的经验总结。这样的 OPL 教材最具有推广价值。通过教材留存也就实现了推行 OPL 活动的一个重要目的：把员工的个人经验留给企业，不要因为员工的调岗或离职，把这些宝贵的经验也带走了。

总之，通过 OPL 教材的编写和讲解，将个人或团队的经验、知识进行提炼、教授、总结、传播，让优秀的编写者、讲解者收获成就感和提升机会，让学习者收获知识和技能，为形成知识共享、相互学习、团队合作的企业文化做贡献。

OPL 开展有以下常见误区。

1. 误区一：把岗位培训等同于 OPL 活动

现象：所有的 OPL 教案内容都是摘抄于已有的操作规程、手册、要求和标准。

OPL 活动的开展主要是"让隐性的知识显性化"。已有的操作要点当然需要培训，但是好的经验更需要分享。常规的岗位知识培训和 OPL 活动既是互补，又能相互促进。

2. 误区二：OPL 的门槛很高

现象：OPL 数量很少，大部分都因"没技术含量"被否决掉。

OPL 绝不是追求技术含量的活动。员工任何一点点有用的措施、技巧和改善都应该被认可，没有量的积累，不会有质的飞跃。技术人员和管理者要放低姿态，不能有过高的要求，自己不编写，员工写的又看不上。

3. 误区三：注重编写，忽略培训

现象：编写的教材仅仅是张贴在墙上或者传阅一下，没有让编写人给大家做讲解培训，更谈不上在实践中应用。

知识用于实践才是生产力，才有生命力。让编写者有机会给大家讲解培训，本身就是对知识贡献者的尊重和认可。知识用于实践，被更多的人掌握，这种知识才会变成组织的知识，才是建立教育型组织的目的。

4. 误区四：没有好的配套激励机制

现象：OPL 编写是任务摊派，每人每月 1 篇，交不上来罚款，年终还要被考核。为了避免罚款，员工生拼硬凑应付了事；好不容易今天发现两个好内容，也只这个月编写一个，留一个下月再编写。

当企业的绩效评价、晋升和薪酬只是基于相对的业绩，员工自然会感觉分享知识会降低个人的成功机会。所以企业必须改变奖励制度，找到强化和鼓励知识分享的方式，表扬和提拔那些会学习和爱分享的员工，给他们更多的学习、提升机会。这样才会有更多的人愿意通过 OPL 活动分享自己的知识和经验。

5.10　小团队活动

多年前，丰田、本田、沃尔沃等企业将小团队活动引入生产改善过程中，轰动一时。很多媒体报道了这些小团队的工作过程和事迹。今天，世界 500 强中如果哪个公司没有采用小团队形式开展改善，则会成为批评的焦点。小团队如此普及，渗透到各个优秀企业，甚至政府部门都将小团队作为不可忽略的环节进行管理推广。

小团队的实施在 20 个世纪 60 年代日本工业经济的腾飞中发挥了重要作用，

而70年代日本在产业技术方面发展比较迅速，除了航天工业外，跟美国几乎不相上下，在光电技术、机器人、处理机等方面甚至超过了美国，小团队活动模式也发挥了作用。

战后，日本除了人力资源外几乎没有竞争优势，百废待兴，日本企业的单个员工与其他国家相比并不占有优势，但如果把凝聚力和对企业的归属感、忠诚度综合起来考察的话，日本的企业就有着较大的优势。日本企业中到处弥漫着小团队的精神和改善的气氛。

1. 小团队的组建

为解决工作场所的6S管理问题，充分发挥班组里每一个成员的积极作用而形成现场小团队组织。小团队通常由现场的员工五至十人组成。活动与QC小组活动类似，然而小团队活动并不仅限于诸如品质改善这方面的活动，也融入了6S管理、降低成本、质量提升、全员生产维护（TPM）、生产效率改善和安全保障等。

小团队的组建可由同一班组的员工组成，也可由不同班组的员工组成。

建立小团队，就是要着手改善现场一切不符合6S管理要求的地方。

在建立小团队之前，必须获得各级管理者的共识。各级主管必须认识到，支持小团队工作，就是支持企业文化的建设。

组建小团队时，必须正确地组合具有不同教育背景、经历和知识的人员。必须训练小团队成员掌握改善工具以及成功运用工具的方法。

当每个人的才智都得到发挥，明白自己在改善中所起的作用时，小团队效率是最高的。这将建立起共同责任。

提倡平等参与至关重要。平等参与就是认识到每个成员的利益都跟集体的成就息息相关，因此，每个人都应该平等地参与讨论、决策，并分享改善的成功。

2. 组建小团队所遇到的阻力

虽然小团队的建设已形成一定的共识，但在具体组建的过程中也会遇到一些阻力。

（1）来自组织结构的阻力

1）传统的组织等级体制限制小团队的发展。因为它主张自上而下的管理方式，小团队很多时候需要拥有相当的自主决定权。从某种意义上来说，是对传统组织结构和管理方式的一种挑战。从信息传递看，传统组织结构往往是自上而下的。而小团队中的成员之间，成员和领导之间，甚至小团队和小团队之间都可以进行信息传递，可能是自上而下，也可能是自下而上，甚至可能是平级当中进行。

2）死板而没有风险的企业文化。很多人认为企业是越稳越好，但事实上成熟的企业都鼓励边缘化的探索，鼓励做一些有风险的有益的尝试，这为企业未来的生存和发展带来新的渠道和发展路径，小团队在这方面其实是一种很好的尝试。

3）部门间的各自为政。传统的组织结构中有生产、销售、研发、客户服务部门，都有自己的部门职责，他们各自为政，不太喜欢相互交流的小团队方式，但由此带来了许多问题和麻烦。公司的销售业绩上不去，销售部门说生产部门没有生产出合格的产品；次品率太多，卖不出去，生产部门说研发部门研发出来的产品没有考虑到生产的工艺和流程；研发部门说只有按照他们的设计来生产产品才具有竞争力。这就导致了组织的推诿、衰退。而小团队可以整合这些力量。

一个现场改善的小团队吸收了来自不同部门的成员：生产部门的成员来确定改善与生产工艺如何衔接；销售部门的成员了解顾客需要什么样的改善。今天的小团队其实是一种跨部门的团队合作，只有这样跨部门的改善，最后在生产、销售、客户服务等环节上才能被大家所接受。

（2）来自管理层的阻力

1）管理层没有及时地授予小团队相应的权利和责任。

2）管理层没有及时提供足够的培训和支持。

3）管理层没有及时传达企业的总体目标并制定出相关的小团队活动细则。

（3）来自于个人的阻力

1）既然强调小团队的贡献，那么个人的贡献谁来承认？

2）如果在小团队中必须保持一种合作的姿态，那么个性还能不能发挥，个人优势还能不能得到认可？个人担心小团队成员在一起工作时会出现新的冲突。

3）个人害怕小团队会给他带来更多的工作，成员害怕承担更多的责任。

3. 小团队对组织的益处和积极影响

1）能提升公司组织的运行效率，在多变的环境中，小团队比传统的组织更灵活，反应更迅速。

2）增强组织的民主气氛，促进员工参与到决策的过程中来，使决策更科学、更准确。

3）小团队成员互补的技能和经验可以应对多方面的挑战。有小团队的其他成员在场，个体的工作动机会被激发得更强，效率比单独工作的时候可能更高。

QC 小组就是由在同一生产现场内工作的员工以班组为单位组成的非正式小组，是一种自主地、持续不断地通过自我启发和相互启发，来研究解决质量问题和现场改善问题的小团队。

QC 小组活动的目的在于：

1）发挥人的主观能动性，增强人的责任感，提高人的技能；

2）为生产现场的改善和企业素质的提高做出每一个人的贡献；

3）尊重人性，创造一个充满生机和活力的、充满希望的、令人心情愉快的工作环境。

QC 小组所研究、讨论和解决的问题，不仅仅局限于产品质量的改善，其他与生产现场有关的问题，如成本降低、作业改善、设备养护、作业安全、材料替代、环境治理等，都在QC小组的研讨和改善活动的范围之内。

小团队精神，关键是要让大家充分意识到他不是孤军奋战，而是有一个集体在共同努力，个人所做的都是整体中的重要一环。

4. 小团队改善措施长期化

小团队长期持续的活动可以改变员工的习惯和企业文化，促使员工齐心协力、持续努力，提高士气，为实现共同的愿景而共同奋斗。

随着鼓励员工全面运用自身技能和知识，不断思索更好工作方式，不断形成持续改善的氛围，工作环境也会发生非常积极的变化。

5. 展示并庆祝小团队改善成果

要让小团队展示他们为部门和企业的成功所做出的贡献。

在启动各改善项目之前，企业管理层必须提出目标，以指导小团队活动。高层管理者提出的目标通常包括：增加市场份额；降低制造成本；增加新产品引入；缩短产品交付周期；提高利润；提升产品、服务的质量。

每个小团队都必须确立至少一个这样的目标，让自己的项目对高层管理者提出的目标相呼应。每个小团队都要创建自下而上的行动对策与计划。小团队所确立的问题改善、活动和行动计划是企业管理工作的一部分。

作为各层管理者，必须在小团队改善的整个过程中，随时对小团队加以肯定。管理者能给予的最宝贵的东西就是时间，要经常参加小团队召开的会议，看看他们在做些什么，给予一些口头表扬和鼓励。

管理者还可以利用其他形式，对小团队所取得的成就表示肯定。比如给每个小团队一块公告牌，以显示他们的活动和进展。另外，在平常安排的月度会议中，要为一两个团队安排5到10分钟时间，让他们介绍项目的最新情况。如果企业有内部通讯刊物，可开辟一个栏目，专门报道小团队的突出活动和成就。

本章读后心得体会

_____
_____
_____
_____
_____

第六章

全员参与的 6S 改善活动促进变革

在今天，科学技术日新月异，经济生活瞬息万变，环境的改变要求我们必须做出相应的改变，如果跟不上时代前进的步伐，就意味着必将被时代所淘汰。

因此，每一个企业，每一个员工，都不应该满足于现状，而应该不断地调整策略，跟上时代的潮流，这就要求必须不断地在工作中进行改善，包括改善人们的意识、生活方式，工作策略，等等。

改善是通过寻求更好的方法，并制定能保证预期效果的标准来实施的。改善对于企业、员工个人都有好处，它与日常管理是同等重要的。

必须进行持续的改善。

6.1 改善——简单的名词、复杂的内涵

在 6S 管理活动的推进过程中，改善这一词汇在企业的日常管理工作中是能经常听到的。但是在一些企业里，经常会听到一些争执，说这一活动算改善，那一活动不算改善。究竟什么样的活动，什么样的过程，什么样的结果，才能算是改善呢？

人们对这一简单的名词、复杂的内涵感到困惑，在企业中造成了很多矛盾，直接影响了企业改善活动的开展。

看看改善的含义吧！

在新华词典里改善的意思是"改变原有情况使比较好一些"。

"改"的含义是：变化；"善"的含义是：良好。

其实也就是说，在企业的日常工作中，通过行为和过程使工作方法、环境、设备设施、生产现场、产品等，朝着良好的方向发生了变化，而这一持续不断的变化过程就称之为"改善"。

图 6-1 所示为用看板表示的人的管理改善。

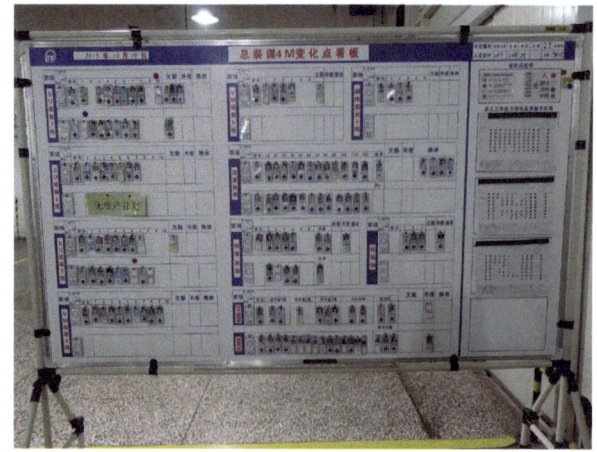

图6-1 人的管理改善

6.1.1 改善的原因

每一个企业都是要不断发展的,每一个员工也是希望进步的,这就给企业和员工带来了改善的欲望和动力。

1. 企业原因

企业里如果都是那种满足于现状、毫无改善意识的员工,那么这家企业必然也就没有希望,不可能会进步。所以企业必须招聘、培养并留住一批具有强烈改善意识的员工,从而能够把问题解决在萌芽的状态。

对企业来说,产品质量和效率不断地提高,安全得到保障,生产成本自然会相应地不断降低,这个企业就能逐渐变成一个具有竞争力的公司。

改善对上下级之间的关系有良好的影响。经过改善、沟通、对话,能改变员工对企业的反抗或敌视的态度。使位居管理层的管理人员,更进一步地了解员工,知道员工有哪些优点,从而能够知人善用,也使员工能理解到管理人员在工作上的困难,促使员工积极主动的配合。

2. 员工原因

作为员工,每个人都需要挑战以激发自己的热情,提高工作的技能或能力,获得成就感和满足感。环境的改变也会要求员工作相应的改变,给员工带来必要的挑战。

1)改善可以使员工充分地发挥潜在能力、想象力、创造力,增强自信心和责任感,性格朝着积极的、正面的方向发展。

2)改善能扩展员工的视野,促使员工全盘地考虑问题,在工作中增长管理素质,提高对工作的满意度,提升成就感,使员工对这个企业的向心力和凝聚力越来越大。

第六章 全员参与的6S改善活动促进变革

工具柜的改善如图6-2、图6-3所示。

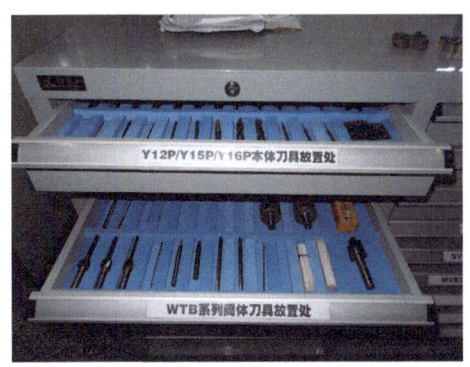

图6-2 工具柜的改善一

图6-3 工具柜的改善二

6.1.2 认识改善的角度

企业中有些争执,部分领导和员工对某种活动算不算改善各有不同观点。其实活动算不算改善,是因为经济和价值思维方式不同而造成看问题的角度不同而已。

在企业里,确认是否是改善的角度有两种:

1)"俯视"——通常为管理者所视的角度。他们认为很多改善是员工的本职工作,是员工分内的工作,是员工应该做的事情,是不应该算为改善而得到物质和精神奖励的。

2)"仰视"——通常为普通员工所视的角度。他们认为即使是对本职工作改善,也是在目前企业给定状况下的一种提升,也是自身努力思考、努力工作的结果,是自己聪明才智的体现,是在保质保量按时完成生产任务之后的额外工作,是应该算为改善而得到奖励的。

在这里,笔者更认同"仰视"角度的改善定义。

企业应该从公正的、不带有任何偏见的角度,根据"改善"的定义来看待活动算不算改善。

模具放置场地改善如图6-4所示。

图6-4 模具放置场地改善

6.1.3 改善无大与小之分

在国内不少企业管理者看来,"改善"是小打小闹的玩意儿,对企业来说意义不大,企业需要流程再造、需要TPM、需要6西格玛,需要给企业带来巨大变化的活动。殊不知，"改善"实际上是一种经营理念，是企业文化中最具活力的部分。

当然有希望改善的每一锄头都能挖一个金娃娃出来的想法是正常的，从而给企业带来百万千万的收益，但这只能是希望，其实在企业现场大部分改善都是很小的变化。

笔者认为，凡符合改善定义的活动，企业都应以改善来对待。

勿以善小而不为！大的改善都是从小的改善积累起来的。不能因为改善效果小而忽视它、不重视它，企业就是要用小的、大量的改善的堆积，从量变到质变，最终产生质的飞跃。

照明开关改善如图6-5所示。

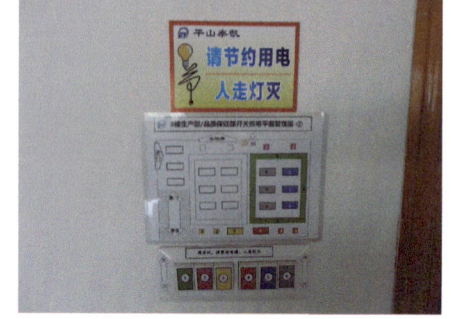

图6-5 照明开关改善

6.1.4 改善无本职与非本职之分

改善是公司全体员工在各自的工作范围内（也可以扩大为非各自的工作范围），小规模的、持续不断的、增值的变化，这种变化对企业的发展产生积极的影响。这种变化可能会对企业产生巨大影响，但大部分变化仅仅是产生了一些积极的影响，比如：成本很小的递减，效率提高了一点，现场整洁了一些等。

某位员工的改善，无论是本职岗位的，还是改善其他岗位的，它都能给公司带来变化和效益。思考本职工作的改善，对自己技能的提升有所帮助，思考非本职工作改善，说明员工思路开阔，更关心企业的发展前景。

企业所进行的改善，就是要使工作变得更容易、更方便、更安全、更稳定。就是要通过这种无数的、小的改变的长期的量的堆积，最终产生巨大的质的变化。

企业区分本职改善和非本职改善，应只是为了统计分析而已，不能作为应不应该改善和给不给奖励的依据。不能因为这个改善是员工本职工作的提升而认为这是员工必须做的而不给与奖励。企业领导尤其要注意这一点。

改善是一种开放式的管理方式，追求比现状更好：成本更低、效率更高、质量更好、交货期更短，劳动强度更低，至于应用什么方法实现并没有规定，没有定势，需要每个人贡献出自己的聪明才智。

危险源控制改善如图6-6所示。

图6-6 危险源控制改善

第六章　全员参与的6S改善活动促进变革

6.2　全员参与是改善得以推进的基础

6.2.1　人人都是改善的参与者

企业的改善需要什么人来参与和实施？是经营者、管理者还是普通员工，还是企业的全体成员？

改善的参与和实施者必须是企业的全体员工。这里所指的全体员工既包括经营者、管理者，也包括普通员工，谁都可以在工作改善的大舞台上充当其中一幕的主角。

对于改善工作有一个基本要求，就是：尽可能立足于本岗位进行自我改善。每个员工要从本岗位的工作实际情况出发，在实际工作中，发现本岗位存在的实际问题，以提案的形式提出问题，尽可能亲自参与改进，即使需要其他人员或部门参加，也尽可能由自己实施。因为改善的是自己的工作，而自己的工作只有自己最清楚，改善的成果最终也是由自己所使用，因此，改善的参与和实施者的主角必然就是本岗位员工自己。

但改善工作不拘泥于本岗位，对其他岗位存在的问题，每个员工也应该提出实施改善的意见，共同探讨，解决问题。

6.2.2　改善是我们共同的需求

美国心理学家马斯洛在"需求层次论"中，把人的需求划分为生理的需求、安全需求、友爱和归属需求、尊重的需求和自我实现的需求五个层次。他认为：人们在某种需求得到满足后，这种需求就失去了对于行为的动力作用，或者失去作为主要动力的作用。这时另一种需求就会产生，于是人们就继续采取新的行为来满足新的需求。

改善展示看板如图6-7所示。

每一个企业都应该看到这一点，在员工的基本需求得到满足后，适时引导员工们去追求尊重和自我实现的需求。

垃圾分类改善如图6-8所示。

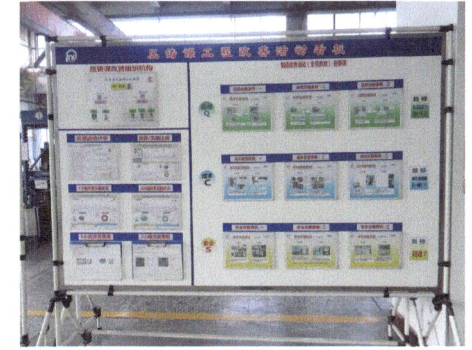

图6-7　改善展示看板

每个人都渴望成功，都希望自己的才华、能力等获得他人和企业的认可，因此如果企业正好给予了一个施展才华、能力的机会和舞台时，员工们当然希望尝试一下。要想获得成功，除了他人和企业所给予的帮助外，更重要的是要靠个人的主动努力，不断地进行改善。如果保持观望，如果不主动参与改善，那么怎么能够品尝到改善的成果和胜利后的喜悦呢？到时只能默默地站在一旁以羡慕的目光看着别人的成功。这从另一个方面说明，改善的中心人物只能是每一个员工自己。只有明确了这一点并认真地实行，才有可能获得成功。

设备旁产品放置方式改善如图 6-9 所示。

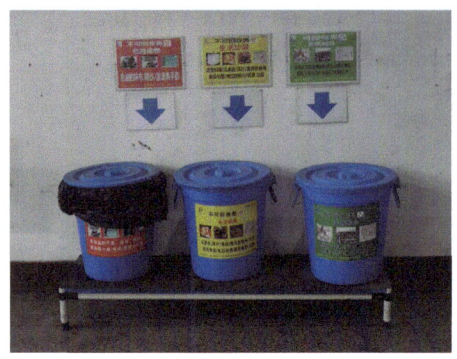

图 6-8　垃圾分类改善　　　　图 6-9　设备旁产品放置方式改善

那么，要想成为改善的中心人物需要什么条件呢？最重要的一条就是对本职工作的热爱和知识的积累，对企业发展前景的良好预期，只有这样，员工才会、才能认真思考工作中存在的问题，才会有不满足于现状的积极性和热情，才会具有危机感，才能不断地改善、不断地进取，才会不断地成功。

在现实中有阻碍改善的十大主义：

> 一、不思进取，安于现状的盲目乐观主义；
> 二、工作推之却之，一切都办不到主义；
> 三、工作责任心差，但求平安主义；
> 四、遇难而退，丧失信心的悲观主义；
> 五、得过且过，患得患失的惜力主义；
> 六、明哲保身，但求无过的好人主义；
> 七、天下太平，没有危机意识的企业安全主义；
> 八、坐井观天，自我独立的漠不关心主义；
> 九、少担事，绕道走，免惹麻烦主义；
> 十、总说别人不好，推卸责任的责他主义。

例如，在某企业推进 6S 管理初期制作了一些看板用来指导现场管理，可时间一长，班长觉得每月更新看板内容的工作，既麻烦又增加了自己的工作量，

第六章 全员参与的 6S 改善活动促进变革

不思进取和责任心差的状态表现出来，看板就变得如图 6-10 所示了。

图 6-10 无人管理的看板

6.3 改善的十条基本精神

改善的十条基本精神是：

> 一、抛弃僵化固定的观念；
> 二、过多地强调理由，是不求进取的表现；
> 三、立即改正错误，是提高自身素质的必经之路；
> 四、真正的原因，在"为什么"的反复追问中产生；
> 五、从不可能之中，寻找解决问题的方法；
> 六、只要你开动脑筋，就能打开创意的大门；
> 七、改善的成功，来源于集体的智慧和努力；
> 八、更应该重视不花大钱的改善；
> 九、完美的追求，从点滴的改善开始；
> 十、改善是无止境的。

这是企业文化的核心，是企业在竞争中赖以生存的根本，是在经营管理上获得突破的护身法宝。

从宏观角度来看，管理应该包含着两层含义。

一层是通常所说的管理，从某种意义上来说，它其实是一种维持和控制，是要把一种在当时比较良好的状况保持在所设定的一个基准范围内，类似于质量管理中的控制图，围绕着中心线而上下波动，不要落在控制范围之外。

而管理的另一层含义，是改善，它是在原有基础上的提高，是整体水平的向上。企业要认清目前所处的这个阶段情况，在严格和科学管理的基础上，不断地吸收国内外优秀企业的先进管理经验，并与本企业的实际相结合，运用科学的方法和手段，不断提升企业的内在素质和市场竞争力。

如在检验管理中，通过使用测量工具使产品保持合格状态就是维持和控制，而将检出的问题加以分析解决，并采取应对措施就是改善。

检验台的改善如图 6-11 所示。

管理和改善的关系是：管理是基础，如果没有扎实的基础管理，改善就无法谈起，缺乏管理支持的改善，其目标就可望而不可即了，因此要进行改善之前，确实要先加强管理。但是如果没有改善，管理将只能在原来的水平上徘徊，不能跃升到更高的层次，因此在管理工作得到加强后，需要进行改善工作，以使企业的经营管理水平获得突破。

图 6-11 检验台的改善

需要注意的是，改善的效果需要通过管理手段来保证，只有改善而缺乏管理，则改善的效果无法维持，将逐渐返回到改善前的状态，甚至进一步滑坡，改善的努力将付诸东流。

因此，只有把管理和改善有机地结合起来，才能使企业的管理水平不断地得到提高。这种管理→改善→再管理→再改善的循环，形成一条螺旋上升的曲线，永无止境。因此从某种程度上说，改善就是创新。

6.3.1 抛弃僵化固定的观念

在企业内部管理活动中，很多人习惯于原有的管理思想模式和方法，按部就班的工作。在这种惯性思维的环境下，不思进取，面对日益变化了的外部环境无动于衷，如果仍然沿用原来的管理方法和管理经验，即使是坚持严格管理，面对着变化的内外部环境，也会导致管理效果不尽如人意。企业应该从改善的角度来思考，主动进行内部的改善和变革。

改善必须彻底抛弃原来僵化的、教条的、固定的思想和观念，把原来的好的管理方法和新的工作情况相结合，在原来的基础上进行升华和扬弃，创造或者改进出一种新的方法来，以适应管理新形势的需要。要做到这一点，就需要不断地更新观念，吸收新的技术知识和思想，积极地进行工作改善。

第六章 全员参与的 6S 改善活动促进变革

6.3.2 过多地强调理由，是不求进取的表现

企业的管理滑坡，固然有各种各样的原因，但是如果过多地强调这些原因，并用来为自己开脱，则是为自己的不求进取寻找借口，无助于企业的改革，而且会错失改善的机遇。其实许多时候强调客观理由，实际上是与主管部门或者上级进行讨价还价，以降低目标指标的要求，减少工作上的难度，并且为业绩不佳时预留退路。企业是这样，个人也是如此，如果出现问题后一味地抱怨客观原因，则是自己原谅自己，类似于掩耳盗铃，自己骗自己。如果学不会从主观上寻找自身的原因，就很难改进自己的工作，会错失提高自身素质的机会。

生产现场零部件的摆放经常会因生产任务忙的借口而放置混乱，造成零件碰伤、寻找的浪费，给企业和个人都会带来损失。

零件放置方式的改善如图 6-12 所示。

图 6-12 零件放置方式的改善

6.3.3 立即改正错误，是提高自身素质的必经之路

"金无足赤，人无完人"，人总是要犯错误的，犯了错误不要紧，改了就是好同志。但是，相当多的人，在发现自己犯了错误或被指出犯了错误后，首先想到的不是如何改正错误，而是想方设法推卸责任，寻找理由为自己开脱，或者虽然认识到错误，但不愿在大众面前承认，而是希望暗地里改正。诸如此类的做法，虽然自己的面子上可能比较好看一些，但丧失了承认错误的勇气，失去了一次心灵历练的难得体验，延缓了提高自身素质的步伐。

从另一方面来看，为什么不愿意承认错误呢？

这里就不得不提到企业文化和管理体制方面的情况。在具有开放性文化的企业里，是鼓励创新和改善的，允许甚至支持在创新中所犯的错误，认为错误在某种程度上是一种宝贵的财富。而在中国大多数封闭式控制型企业里，虽然经营者在口头上高呼着"以人为本"的时髦口号来号召员工们创新，但在实际工作中出现问题时就换成另一种嘴脸，进行批评和处罚，纳入考核之中，而对于改进和创新所获得的成绩，却被经营者认为是职责范围内应做的工作，很少给予奖励。这种有成绩不奖励，有错误狠处罚的绩效考核方式，严重地打击了人们改善的积极性，从客观上促使人们趋利避害，那么不愿意承认错误进而改正错误就不足为奇了。

出了错误就罚款，这已经是一些企业的家常便饭，随处可见的罚款通知如

图 6-13 所示。

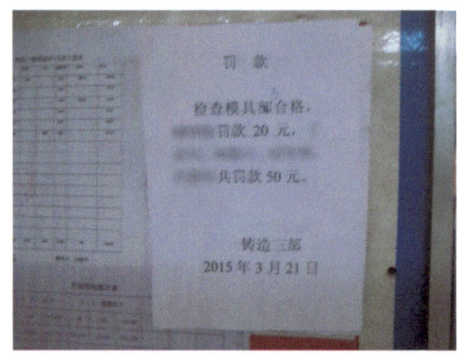

图 6-13　随处可见的罚款通知

6.3.4　真正的原因，在"为什么"的反复追问中产生

当出现问题时，大多数人都能够做到进行原因分析，拟定对策，最终努力去解决问题。但是，事情常常是千变万化、盘根错节的，如果不能寻找到问题的根源，仅仅是浅尝辄止，虽然解决了表面的矛盾，深层的问题却没有被触及，则将来同样的或类似的问题很可能会再次出现。

因此真正优秀的人才，能够不为表面现象所迷惑，不是就事论事，而是努力透过现象看本质，反复寻找导致问题发生的真正原因（图 6-14），然后努力加以根除，从而避免了类似问题的重复发生。而且能够举一反三，从这个问题中联想到一些相关问题，系统性地加以解决。当然，也有一些特别"聪明"的人，他们认识到深层的原因较难解决，或者不愿自找麻烦，因此会有意识地回避矛盾，表面问题解决了即可，这在短任期的领导者身上较为常见。

图 6-14　查找问题发生的真正原因

6.3.5　从不可能之中，寻找解决问题的方法

当面临困难时，当发现问题的真正原因时，当面对较高的工作目标时，总有许多人会脱口而出："这怎么可能办到？"未战气已泄三分。而真正的优秀人才，绝不畏惧困难，他们会立足于现有条件，千方百计寻找突破口，寻找解决问题的方法。即使不能一下子解决问题，他们也坚信可以通过努力向最终的目标再接近一步，从而为在不久的将来彻底解决问题打下了良好的基础。

第六章 全员参与的 6S 改善活动促进变革

在他们的字典中，根本没有"不可能"三个字，他们认为：只有没想到，没有做不到。只有具有这种气质的人，才可能不断地克服种种困难，连续获得成功。那些总是强调"不可能"的人，即使成功了一次，却无法让别人相信他能继续成功。

6.3.6　只要你开动脑筋，就能打开创意的大门

大脑是越用越灵活，当你经常思考和工作相关的事项时，自然而然地就会产生出有益的点子来。你越是努力思考，你就越会发现自己在知识、能力等方面存在不足，有上进心的人，就会通过各种方式努力地充实自己，不断提高自身素质，在工作上做出成绩的同时，也为个人的发展打好基础。

6.3.7　改善的成功，来源于集体的智慧和努力

是群众创造历史？还是英雄创造历史？即使有了伟人的论断，时至今日仍有争论。企业经营也是如此。在工作改善上，到底是经营者作用大？还是普通员工的合力大？但是不管怎样，通过各种方法调动广大员工的积极性，集众人的智慧和努力投入到改善活动中，一定会比单方面的行动更容易获得成功。

在车间通道设计时，设计人员、叉车工及附近工作的员工一起对通道设计方案进行讨论，最后设计出较符合各工种运输实际情况的走向、道路宽度。

车间通道改善如图 6-15 所示。

图 6-15　车间通道改善

6.3.8　更应该重视不花大钱的改善

20 世纪 90 年代中期，在加强企业管理的大潮中，三洋制冷的企业管理特别是生产现场管理，已经成为大连地区的一面旗帜，大连经济技术开发区管委会更是把三洋制冷作为外地参观团的定点参观单位，甚至连中方股东冰山集团的董事长也号召在管理上"大连学冰山，冰山学三洋制冷"。要求冰山集团下属的各企业到三洋制冷学习时，如果理解不了，就尽可能先照搬照抄，然后再想方法消化吸收和改进。某一天，一位参观人员在听了笔者的介绍后，说："我们公司可没有那么多钱做这些门面活。"笔者听到之后，给他举了个例子：在制造部门口的这张迎宾桌，对于资金充裕的公司来说，可以买一张，也可以做一张，这是一种改善方法；而对于资金紧张的公司来说，可以放一张旧桌子，上面铺上一张塑料布，再摆上一盆花，也可以达到同样的效果，这又是一种改善的

方法。

改善工作并不在于钱花的多或少，而在于是否具有改善意识，并真正的付诸实施。在实际工作中，真正花大钱的改善次数并不多，大多数都是花钱很少甚至是不需要额外花钱的小改善。从改善的意义上来看，这些小的改善更为重要。

6.3.9 完美的追求，从点滴的改善开始

不论在哪里，总是有这样一些人，他们自视甚高，眼睛朝上，不屑于做一些小事，怕丢面子，总想做所谓的大事，最终是大事没做成或者做不了，小事又不做，虽然不能说一事无成，但很难取得较大成绩，而且总是怨天尤人，一副怀才不遇的样子。

而真正能做大事的人，却都是从小事做起，一点一滴的进行改善的积累，逐步实现从量变到质变的飞跃，最终达到目标。

改善从责任分区开始。6S 责任分区如图 6-16 所示。

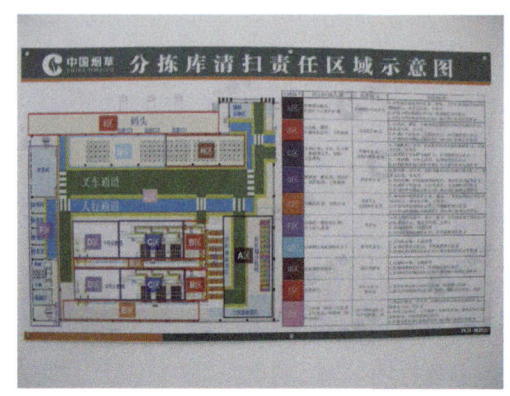

图 6-16　6S 责任分区

6.3.10 改善是无止境的

没有最好，只有更好。改善工作也是如此，永无止境。通过改善，旧的问题解决了，新的问题又会出现，仍然需要继续改善，这种改善活动，循环往复，以至无穷。而每一次改善的结果，都将使企业经营管理工作更上一层楼。如图6-17、图 6-18 所示的改善前后对比，其实还有改善的空间。

图 6-17　现场改善前

图 6-18　现场改善后

第六章 全员参与的6S改善活动促进变革

6.4 改善的思路

改善的前提是将问题暴露出来，企业要承认"一切故障和缺陷都是人为的，是可以预防和避免的，是可以改善的"。这就是一种改善的思路。而企业暴露问题一定是为了改善，而不是为了处罚员工。

6.4.1 改善的积极心态

不同的心态对问题解决的结果是有很大影响的。

有一个故事最能说明这一问题。故事是下面这样讲的。

"古时候，有位秀才第三次进京赶考，住在一个经常住的店里。

考试前两天他做了三个梦，第一个梦是梦到自己在高墙上种白菜；第二个梦是下雨天，他戴着斗笠还打了把雨伞；第三个梦是梦到跟心爱的表妹脱光了衣服躺在一起，但是背靠着背。

这三个梦似乎有些深刻含意，秀才第二天就急忙去找算命先生解梦。算命先生一听，连拍大腿说："你还是回家吧。你想想，高墙上种菜不是白费劲吗？下雨天，戴着斗笠还打雨伞不是多此一举吗？跟表妹都脱光了躺在一张床上了，却背靠背，不是没戏吗？"

秀才一听，心灰意冷，回到店里收拾包袱准备打道回府。店老板非常奇怪，就问："不是明天才考试吗，你怎么今天就回乡了呢？"

听了秀才如此这般说了一番，店老板乐了："哟，我也会解梦的。我倒觉得，你这次一定要留下来。你想想，高墙上种菜不是高种吗？戴斗笠打伞不是说明你这次有备无患（图 6-19）双保险吗？跟你表妹脱光了背靠背躺在床上，不是说明你翻身的时候就要到了吗？"

这秀才一听，便觉得有道理，于是精神振奋地参加考试，居然中了个探花。这个故事说明：对待同一件事，心态积极的人，像太阳，照到哪里哪里亮，消极的人，像月亮，初一十五不一样。心态决定我们的生活，有什么样的心态，就有什么样的未来。

有积极改善、向上的心态，在工作中不断地观察、思考，就会有众多的改善思路涌现出来。

图 6-19 有备无患

6.4.2 如何打开改善的思路

越来越多的证据表明，人的潜能远未得到充分的开发。

人脑，作为最宝贵的战略资源，一般人终其一生，十成中仅仅使用了其中的二三成而已。思维的方式犹如万花筒，稍加旋转即是新景象，可谓变化无穷。人与人的区分、企业与企业的区分、国家与国家的区分，仅仅在于是否愿意不停地改变思路、旋转人脑的"万花筒"！

在全球化时代，企业改善、创新、研究水平的高低，不仅标示着公司竞争力的高低，同时也显示了所在国竞争力的高低。虽说拥有共同的全球市场，然而，对于一个国家、一个企业，这个市场的大小并不一样。事实是，改善创新能力大的拥有的市场大，改善创新能力小的占有的市场小。以目前的美国而论，它是全球创新力最强的国家，它也是全球拥有最大市场的国家，它同时还是全球经济总量最大的国家。全球企业创新的趋势，往往在它们美国率先萌动。

开动脑筋，扩展思路，你就会进入一个无限的改善天地。

一天动物园管理员发现袋鼠从笼子里跑出来了，于是开会讨论，一致认为是笼子的高度过低。所以他们决定将笼子的高度由原来的10米加高到20米。结果第二天他们发现袋鼠还是跑到外面来，所以他们又决定再将高度加高到30米。

没想到隔天居然又看到袋鼠全跑到外面，于是管理员们大为紧张，决定一不做二不休，将笼子的高度加高到100米。

一天长颈鹿和几只袋鼠们在闲聊，"你们看，这些人会不会再继续加高你们的笼子？"长颈鹿问。"很难说，"袋鼠说："如果他们再继续忘记关门的话！"

改善心得：事有"本末"、"轻重"、"缓急"，关门是本，加高笼子是末，舍本而逐末，当然就不得要领了。一定要了解应该改善什么？改善就是先分析事情的主要矛盾和次要矛盾，认清事情的"本末"、"轻重"、"缓急"，然后从重要的方面下手进行改善。

日本最大的一家化妆品公司发生了一起空肥皂盒事件——一位顾客抱怨说，他买了盒肥皂里面却是空的。为了杜绝类似的事故再次发生，该公司投入相当的资金设计出一个配备高分辨率监视器的X光设备，它同时还需要两个人来监控通过生产线的肥皂盒，以保证其中没有空盒。

而另一家化妆品公司也遇到了同样的问题，一名普通的员工建议买一台大功率的工业风扇放在流水线上不停地吹，装肥皂的盒子逐一在风扇前通过，只要有空的就会被吹离生产线。

这两个例子说明，只有换个角度方能摆脱固有的思维模式的困扰，从复杂走向简单、简单才是智慧的灵魂。

在对叉车放置位置进行定置后发现墙面经常被叉车叉撞坏，班长总是认为是叉车工故意的,对叉车工又是批评又是教育。有一位员工设计安装了一个挡车杆,一切问题就都解决了。

叉车放置方式改善如图6-20所示。

如何才能打开改善的大门呢?思路正确,方法得当。

5W1H法是打开改善大门的金钥匙,而PDCA滚动循环则是改善持续有效进行的可靠保证。

使用5W1H法,这就是要用问题意识来寻找改善的突破口,也就是说,要不断地从多方面问一些"为什么?"。

图6-20 叉车放置方式改善

例如,对于员工从事的某项工作,可以用5W1H法提问:

- 为什么(WHY)这样做?现在是怎样做的?有没有更好的方法?
- 是谁(WHO)在做这项工作?为什么由他来做?可否由别人来做?谁做更好?
- 在何处(WHERE)做?为什么在这里做?可否在其他处做?何处做更好?
- 什么时候(WHEN)做?为什么在这个时候做?可否在其他时候做?什么时候做效果会更好?时间能否缩短?
- 在做什么(WHAT)?为什么要做这个?可否做其他的事?可否用其他的工作来代替?可否不去做?可否和其他的工作合在一起?可否简化?
- 用什么方法(HOW)去做?为什么要用这样的方法去做?是否有其他的方法?用什么方法最好?

5W1H法内容如表6-1所示。

表6-1 5W1H法内容

5W1H	现状如何	为 什 么	能 否 改 善	该怎么改善
对象(What)	生产什么	为什么生产这种产品或配件	是否可以生产别的	到底应该生产什么
目的(Why)	什么目的	为什么是这种目的	有无别的目的	应该是什么目的
场所(Where)	在哪儿干	为什么在那儿干	是否在别处干	应该在哪儿干
时间和程序(When)	何时干	为什么在那时干	能否其他时候干	应该什么时候干
作业员(Who)	谁来干	为什么那人干	是否由其他人干	应该由谁干
手段(how)	怎么干	为什么那么干	有无其他方法	应该怎么干

通过用5W1H方法系统地提出问题,就能够逐渐培养出员工的问题意识,

发现工作中存在的问题，然后有的放矢地进行改善。

员工们在具有尊重和自我实现的需求后，可以通过学习和培训掌握5W1H和PDCA等多种发现问题和解决问题的方法，则不仅可以为企业的发展做出贡献，而且提高了自身的素质，为今后更高的追求播下了丰收的种子。

同时，要对改善过程进行跟踪，便于发现改善中存在的问题，及时解决。见表6-2各部门（班组）问题点改善表，根据表中状态了解改善进度。

表6-2 各部门（班组）问题点改善表

	发动机厂	冲压	焊装	涂装	总装	底盘	……
上周问题点/个数							
整改个数							
整改率（%）							
考核评分							
本周问题点/个数							

6.4.3 广义的节能观念

在改善中常常会遇到节能降耗方面的问题。

简单地说，节能就是减少能源消耗，但是节能并不是单纯的绝对数量的减少，它是一个相对数。

1. 狭义节能

人们在生产和生活中都需要消耗能源，如果在满足相同需要或达到相同目标的前提下，降低这种直接的看得见的能源实物消耗，也就是说提高能源利用效率的节能，称为狭义节能。这是普通的节能的含义。

2. 广义节能

人们在生产和生活中，除了直接消耗能源以外，还必须占用和消耗各种物资。人们利用的所有物资包括能源本身在内，都要经过生产、流通、储存等过程，这些过程也要消耗一定数量的能源，这些能源"包含"在物资内，是无形的。因此，在生产、生活中，节省物资也就是节省能源，这就是广义节能。

广义节能主要包括以下方面的内容：

1) 合理节省各种经常性物资消耗；
2) 合理节约不必要的劳务量；
3) 合理节约人力；
4) 合理节约资金占用量；
5) 合理减少其他各种需要所引起的能源消耗；
6) 合理提高设备效率；

7）合理提高产品质量和服务质量；

8）合理降低成本费用；

9）合理调整服务模式。

3. 节能的基本观点

1）长期观念；

2）综合观念；

3）广义节能观念；

4）经济效益观念；

5）全员节能观念。

例如节约用纸的口号如图6-21所示。

节约用电的前提是要有合适的照明，不能为了只讲节约，而不考虑应该有的工作照明需要。节能灯的普及是节约用电的有效方法。

利用日照的厂房设计是长期的节能手段：走进工厂的车间现场，阳光透过厂房顶部造型别致的天窗洒满了整个车间现场，一改车间现场灯火辉煌的风格，气派而不失雅静。采用这样的厂房设计，车间可以充分地利用自然光，一般情况下只开少量的人前工作灯即可满足作业需要，大大地节约了照明用电能。

图6-21 节约用纸

节约用电要从节约每一分钱入手，不能认为关几盏灯能节约几个钱，甚至某些领导干部也这样认为。

关于雨水利用，企业在这方面的改善一直存在盲区，在雨水利用观念上应有一个大的突破。企业在厂房建设时都是建雨水道，把下雨时产生的雨水排掉，这是过去的雨水观点——排出观。现在应把雨水看成是自然界的一个循环过程，应该利用雨水，保持循环。所以，应该把雨水收集利用，把所有的地面尽可能的绿化，通过绿化能够保持雨水就地渗透，恢复原来的雨水生态系统。另外，可以把地面、屋顶的雨水收集起来，经过简单处理，循环利用，给企业节约用水，这就是现在的雨水观点——利用观。

工厂进行新厂房设计时，应充分考虑综合利用雨水，增加雨水收集系统，通过渗水井、雨水排水管道、铺设渗水砖等方式将雨水收集起来，收集的雨水经过相应的处理，用于冷却系统供水、绿化用水和卫生间冲洗用水。

水资源跟其他能源不一样，特别是跟化石能源不一样，化石能源烧完不可再生，而水资源具有可循环再生的特性。在水资源非常紧缺的现在，充分利用水可再生的特性，也可以充分地节约水资源、循环使用，降低企业的能源消耗。

未进行节水前，洗车工们会多次打开高压水枪往一辆车上喷近5分钟，不仅用高压水枪冲洗车身，还用它来喷洗车内的脚踏垫等，每洗一辆车就要用大量的水。

如果应用节水环保洗车新技术，一升水、一度电就可以洗一辆汽车。只需要在机器的小水箱中加入少量的水，开通电源，即可产生60～70℃的高压蒸汽，通过喷枪喷射对车身进行清洗，工人拿着蒸汽枪清洗车身，之后用半湿的毛巾擦拭就可将雨痕、污渍及部分油性斑点清除。再用毛巾抛光，车身立即光亮如新，像打过蜡一般。在不使用清洁剂的情况下可将车体上的灰尘、油污清除。传统高压水枪洗一辆小汽车的耗水量在200升以上，蒸汽洗车一台车只需要一升左右的水，只占传统洗车方式耗水量的千分之5左右。

新的节能观念带入改善之中，会扩展改善的思路，激发改善的灵感，会产生更多的改善方案。

6.4.4　从改善的事例看问题

有一个鸡尾酒的故事：

在一次盛大的宴会上，中国人、俄国人、法国人、德国人、意大利人都争相夸耀自己的酒，只有美国人笑而不语。中国人首先拿出古色古香、做工精细的茅台，打开瓶盖，香气四溢，众人为之称道。紧接着，俄国人拿出伏特加，法国人拿出大香槟，意大利人亮出了葡萄酒，德国人取出了威士忌，真是异彩纷呈呀！最后，大家都把目光投向了美国人，想看看他到底能拿出什么来。那美国人不慌不忙地站起来，把大家先前拿出来的各种美酒分别倒了一点在一只酒杯里，将他们兑在一起，说："这叫鸡尾酒，它体现了博采众长、综合创造。"的确，这酒既有茅台的醇，又有伏特加的烈；既有葡萄酒的酸甜，又有威士忌的后劲。

每个人都各有所长，如果我们能像勾兑鸡尾酒一样博采众长，吸取别人的优点，集中大家的力量，进行小组合作或者认真倾听别人的意见，改善的思路不就打开了吗？而且，这样做改善的效果也是非常好的。

草坪上本无路，但为了便捷，人们经常从这里走，便在草坪上踏出一条路来（图6-22），插一个"禁止通行"的牌

图6-22　踏出来的路径

子，无济于事，还是有人经常从这里通过，不如干脆就在这里修一条路。不堵而疏，这样一来，问题就解决了。

世界建筑大师格罗培斯在设计迪士尼乐园的时候，让人在迪士尼乐园撒下草种，不久，整个乐园的空地就被青草覆盖。在迪士尼乐园开放的前半年里，人们将草地踩出许多小径，这些小径优雅而自然。后来，格罗培斯让人按这些踩出的路径铺设了人行道。结果，迪士尼乐园的路径设计被评为世界最佳设计。

格罗培斯人性化的设计灵感来自于对生活的深刻观察，巧妙的路径设计最终是为了满足游人高效满意到达目的地的基本需求。有些企业还在使用随意而复杂的物流，这必然不可能是帮助企业输送产品的最好途径，应通过高效灵活的物流改善和优化降低成本，宗旨是服务客户。

复制模具时，大部分的技术人员都是把原图样拿出来复印一套，送模具制造厂家制作。在国企是这样，在合资企业也是这样，但私人企业有所不同。私企会对产品结构重新研究，在保证外观、结构强度和性能的基础上，尽可能地减少零件重量。

这三种企业（国有企业、合资企业、私人企业）的技术人员有什么不同？

其实技术人员是相同的，只是拿着高低不同的工资干着相同的技术工作。这种高低不同的工资对他们的工作态度能起多大作用？

不同的是老板！私人企业老板的想法与其他两类企业不同的是：节约下的每一分钱都是他自己的！是他要求技术人员在复制模具时必须考虑尽可能地减少零件重量的问题。

老板的思考方式、行为和要求，迫使技术人员有不同的思考方式。

在很多事情上老板都必须先规范自我行为，尤其是涉及公司理念的问题上。比如，提倡节约能源，那老板就要在日常生活中养成随手关灯、适当开关窗、限制空调温度等习惯，以老板自身的行动让员工认识到节能不只是一个口号，更是一种行动。这样做，就会在公司形成并养成节约能源的良好习惯。

技术人员在模具设计时为考虑多机种共用一副模具，节约开模具的数量，而设计了一些预留结构。可在实际工作中，这副模具压到模具报废，要重新复制新模具时，预留结构仍未利用上，而这些预留结构却造成了原材料使用量的增加，材料费用的增加，使结构复杂化，制造模具难度加大，成本上升。

如图 6-23 所示，员工在研究模具结构。 图 6-23 员工在研究模具结构

还有一个机械加工零件附带切削液减少的改善事例。

机械加工过程中，切削液会附带在零件上，尤其是外形、型腔比较复杂的零件，附带的切削液会更多，这样在加工过程中，切削液就流得满地都是，这一直是一个老大难问题。

在设备内安装一个零件暂放架，加工完毕的零件不立即放入机床旁的周转车（箱）中而是在机床内存放一定时间，待零件表面附着的切削液大部分流回机床内后再放入周转车（箱）中，这样可减少从机床上取出零件时由于表面附带的切削液滴到地面而造成污染，同时，由于大部分切削液流回冷却回收切削液系统内，也有利于切削液使用量的节约。还可以在周转车的底层，设置切削液回收底盘，使残留在零件表面的切削液也可回流到底盘中，而不是流在地面上，底盘中的切削液定期倒回集中箱中，减少污染、节约切削液，一举两得。

改善布局也很重要！

一套结构不太好的房子，即使有出色的装修设计，效果也会大打折扣。工厂的规划布局也相当于 6S 的设计，布局好的，6S 立竿见影，事半功倍；布局不好的，6S 费尽心力也做不好。所以我们必须要掌握好布局设计的原则。

1. 布局设计三原则

（1）时间、距离最短原则

拿东西、取东西方便，尽量不要去搬运；花最少的时间，步行的距离要缩短，不要走很远，中间没有停滞或等待。

（2）物流畅通原则

- 物流流向是直线型，或者是圆圈型，没有逆向型和来回穿插的流动，运东西就要走直线；
- 人员、机器、材料、作业方法、环境，这五个要素要处于有效的管理中，作业方便、顺畅；
- 通道或作业现场不能有障碍物；每一个工序生产都平稳、均衡。

（3）变化性原则

- 预留足够的空间来对应未来至少一年的生产；
- 货架、工作台留有改造的余地，适应不同的生产方式；
- 对于那些专用的，特殊的机械设备尽量以通用品来代替；
- 机器出现故障时，要有足够的备用品以保证维修；
- 发生异常，如发生火灾或地震时，有足够的防护设施。

2. 布局设计的注意点：

1）制作详细的立体规划图或平面布置图，必要时可以制作模型。

2）根据"重低轻高"的原则，比较笨重的放在低层，较轻的放在高层，把重型的机械设备安放在底层，并考虑物流方向，规划好通道，然后设定其他区域。

第六章 全员参与的 6S 改善活动促进变革

3）生产线的规划，一定要有一个备料区或者配料区，生产区后面一定要设置一个成品暂放区，场所大小应依据产量来设定，厂房的高度超过 4.5 米时可以考虑双层使用。

4）规划时至少要考虑到未来两年以内，可能的产品以及产品数量的变化，预留足够的空间。

6.4.5 班组长在 6S 现场改善中的作用

在进行企业改善辅导的过程中，对多家企业的改善提案进行了分类统计，发现了一个 80%＋80% 的现象，笔者称之为双 80% 效应。

在统计的所有改善提案数量中，有 80% 的提案是班组长和工段长提出的；在改善效果比较好的提案中，也有 80% 是班组长和工段长提出的。从这两组数据中可以看出，班组长是企业改善的中坚力量。其实我们从选拔班组长的条件中也可以看出他们所应具备的改善能力。

班组长参与改善的企业如图 6-24 所示。

班组长应具备的素质条件：

图 6-24 班组长参与改善的企业

1. 思想品德好、有上进心和吃苦耐劳的奉献精神

在班组事务安排上，首先考虑自己得失的或借用班组长权力而拈轻怕重的，绝不能胜任班组长；思想品德好，员工跟着做事情放心；有上进心，会给班组带来荣誉，员工有自豪感；能吃苦耐劳，把利益让给员工，能激发员工的干劲。

2. 具备一定的文化基础知识和社会常识

随着企业对班组管理的规范化，各项记录、文档需要班组长去完成，没有一定的基础文化知识是不行的；社会常识也很重要，如：什么季节有哪些自然现象，方言、各地风土人情的差异等，这些会对员工有哪些影响，人与人之间如何沟通、交往等。能做到这点，实现文能提笔、说话讲理，开展工作便能如八面临风。

3. 具备一定的岗位技能和维修常识

班组长需掌握或了解本班的各岗位操作技能，能指导教育员工进行生产工作，对操作技能的要求高于其他职务。生产型企业是与设备打交道的，班组长具备一定的维修常识，会正确判断或排除一些简单的故障，能正确指导员工进行巡检，让自己更接近轴心位置。班组长进行的改善如图 6-25、图 6-26 所示。

4. 要有一定的组织能力

通俗地讲就是号召力，能做好前面三项，就具备了一定的组织能力了。组织

图6-25　班组长进行的改善一　　　　图6-26　班组长进行的改善二

能力是磨炼出来的，像幼儿学讲话、学走路一样：第一不能怕丢面子（指怕羞、怕困难），第二要不断总结经验，坚持"在学习中管理，在管理中学习"，就会不断提高自己的组织能力，逐渐向组织的艺术性方面发展。

对管理的艺术性有一个非常好懂的比喻，即："十个手指弹钢琴"。各项工作安排就像弹钢琴一样自如，达此境界，可能就是合格的班组长了。

由上可知，班组长是技能、管理能力、思考能力都普遍比普通员工强的一类群体，如果能充分调动他们的改善积极性，不仅可以涌现出大量优质的改善提案，更能由此带动全体员工，达到全员参与6S改善活动的目的。

6.4.6　在日常工作中清除无效劳动，不断改进生产

日常管理与改善的关系见图6-27。

日常管理强调的是遵守标准，将相同的状态维持下去。

改善：寻找更好的方法，并做成能保证预期效果的标准来实施。

企业的工作是基于日常管理和改善之上的，两者都是同等的重要，各项目标可能一次达不到，但是经过反复的维持和改善之后就能达到目标。

日常管理与改善的关系说明：每个球分成四等份，每个等份用一个英文字母来表示，即：P、D、C、A。P，即计划；D，执行；C，检查；A，处理。也就是说进行持续的改善，再维持，再改善，再维持，就能最终达成目标。

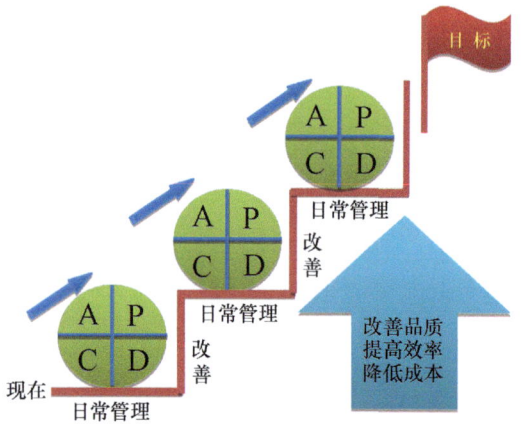

图6-27　日常管理与改善的关系

第六章 全员参与的6S改善活动促进变革

日常的现场管理任务除了是要为第一线生产创造良好的工作环境之外，重要的还在于要消除无效劳动，不断改进生产，提高生产率，保证按节拍实现同步化生产。所以，不断发现和暴露生产中的无效劳动和浪费，采取措施不断改进和不断完善，这是现场改善的主攻方向。

如常见的无效劳动是无效搬运，往往因为没有适用的工位器具，不执行定置管理，工件和工具器材随地乱放，造成不必要的搬运，白白浪费人力和时间。还有不遵守操作规程，不按标准作业方法操作，用不合理的工作方法，往往费时费力，还容易出质量事故。在同步化生产中，个别零件在其工序中提前和超额生产，不仅是无益，还是一种浪费，因为过剩的零件占用了资金和场地。在流水线生产中各环节是相互协调一致的，个别环节发生故障往往会影响其他工序甚至工段，给整个企业造成严重损失，分析各种事故的根源，采取措施从根本上予以解决，这是对生产管理的最大改善。

只有不断加强日常的改善，产品质量才能提升，成本才能够降低。

6.4.7 改善的过程是有风险的

改善有风险，并非有投入就有回报，因此，那些可持续发展的企业总是允许出错，宽容失败。

在强生公司，出一次差错可能反倒是一位创新者获得荣誉的机会。20世纪60年代，强生公司总裁伯克推出一项新产品失败了，他觉得愧对公司的信任，遂引咎辞职。但是，公司不仅没有辞退他，并且还受到董事长伍德的真诚称赞，因为他为此项革新承担了风险。后来，伯克果然不负众望，在他的任期内取得了许多次成功，成为历届CEO中最有成就的一位。

鼓励冒险，宽容失败，作为一种企业改善创新理念，它成就了许许多多类似强生这样的公司，甚至还创造出像硅谷这样的企业群落。然而，这样的理念在当今世界仍然还是一种稀缺资源。

全球何以出不了第二个"硅谷"，因为，尤其是在亚洲，还缺乏"宽容失败"的机制。事实上，任何事情都与失败有关，失败是进步的必经之路、失败是策划未来时必然会遇到的一道坎。如何面对改善的失败，这是人类最宝贵然而又是最少被提及的经验之一。其实，最大的失败乃是不敢尝试、乃是不给员工尝试的机会。

6.5 员工应该从企业的改善发展中获益

6.5.1 要让员工与企业共同发展

经过不断地改善后，在成本递减、质量提升、效率提高、安全保障、企业形象等方面，企业得到了较快的发展，很多企业尝到了改善的美味，而员工能在企业的改善中收获什么呢？工作环境的改变、福利待遇、经济收入的提升，个人发展预期的明朗化，对于员工个人而言，这些是他们最关心的。

阿里巴巴集团董事局主席马云说：员工的离职原因林林总总，只有两点最真实：

1）钱，没给到位；

2）心，委屈了。

这些归根到底就一条：干得不爽。员工临走还费尽心思找靠谱的理由，这是为给企业领导留面子，不想说穿企业的管理有多烂、员工对管理者已失望透顶。仔细想想，这真是人性本善。作为管理者，一定要乐于反省。

作为企业老板，你得问自己，员工为什么要跟着你"混"？

企业发展了就必须给员工4个机会：做事的机会，赚钱的机会，成长的机会，发展的机会！

如果员工不能从企业的发展中获益，那么企业持续发展对于员工来说，就是一句空话。

员工在现场改善中能起到重要作用，如图6-28所示。

企业的效益是企业所有员工共同努力的结果，财富都是大家共同创造的，所以必须按劳分配，有这样的心态，才能真正支持企业的持续发展。同时做好员工工作首先要从内心尊重员工，不管是高级管理者还是普通员工。

靠待遇留人，事业留人，感情留人，使每个人最大限度地发挥自己的主观能动性，不仅能够尽可能实现个人的理想和人生价值，而且在另一方面会促进企业的健康持续发展。在尽可能保障员工赢得的利益的情况下最大限度调动员工的积极性，做到员工满意，老板满意。

图6-29所示为员工的现场改善二。

图6-28 员工的现场改善一　　　　　图6-29 员工的现场改善二

6.5.2 员工如何享受改善的成果

改善提案的实施成果，最大的受益者是企业，但不能仅仅是企业，需要使

第六章　全员参与的 6S 改善活动促进变革

员工与企业共同享有，怎么进行合理的分配呢？

改善提案实施成果的分配总原则：企业大头、员工小头。

由于企业行为而进行的改善，即由企业方提出改善的提案，提供资金、人力而实施的改善，促使生产效率提高、生产数量增加，对员工可适当提高工时费用，对提高效率的员工可享受所节约成本的 5%～10% 收益。

由员工自己对本岗位提出的改善方案，但由公司技术、品质等部门实施的提案，员工可享受所节约成本的 10%～20% 收益。

由员工自己对本岗位提出的改善方案，是主要由员工自己实施，其他部门辅助配合的，可享受所节约成本的 20%～30% 收益。

改善后的效果要让企业和每个人明显看得见，要让个人也受益。

拿出因改善而增效部分的一定比例回馈给改善者，并且改善者要被认可、表扬甚至提升，以此作为改善者及其他员工下次创新的新动力。

丰田汽车"永远把今天的水平看成是最差的"。丰田汽车今天在精益生产上的一切成果都是通过激励员工持续改进带来的。

改善需要持之以恒！需要给员工持续的改善动力！

本章读后心得体会

第七章

6S 管理的深化——大力推进精益生产

在企业推进精益生产时，都会谈到推进精益生产的基础是要搞好 6S 管理工作，不做好生产现场的 6S 管理工作，就做不好精益生产的推进工作，无法达到实施精益生产管理的预期目标。

反过来，6S 管理活动推进到一定程度时，就要开始在企业推行精益生产活动，这样会对 6S 管理工作有相当大的提升和促进作用，也利于 6S 活动成果的持续保持。

改革开放的这 30 多年来，中国经济迅猛发展，整个社会发生了翻天覆地的变化。这些变化，离不开企业学习各类先进管理方法的过程，在这一学习过程中，精益生产的学习和推广实施就是其中卓有成效的一个典型事例。

7.1 制造业在生产管理方面存在的问题

通过企业改制、战略规划、组织结构梳理与营销体系设计等管理提升工作，很多企业基本解决了发展定位、组织运行机制、市场开拓及企业理念定位等企业发展与组织运营性的问题，但随着中国经济的发展，每个企业都面对着竞争日益激烈的市场。

交货拖期、库存大量占用资金、流动资金短缺、产品质量不稳定、有订单但又做不出来、生产系统效率低、存在各种浪费现象、利润空间越来越窄，这些不良现象已成为阻碍制造型企业生存和发展的致命因素。为了能够解决这些问题，已经有一些制造型企业决定通过引入 6S、精益生产管理与生产流程再造加强生产管理的过程控制、提高制造系统的灵活性、合理布局生产系统运行过程，提升企业市场反应速度，提高产品质量，降低制造成本，以整体提高企业的竞争力和盈利水平。

经过笔者深入企业诊断和研究，制造型企业的生产管理在以下方面存在着或轻或重的问题。

第七章 6S 管理的深化——大力推进精益生产

7.1.1 基础 6S 管理方面

针对目前存在的生产现场的混乱状况（图 7-1），需要进行基础 6S 管理提升的内容方面可分为以下几类：

1）员工仪容不整，穿着随意，缺乏一致性，看起来懒散，影响整体士气，有损企业形象，不易塑造团队精神，并且不易于识别管理。

2）工厂内的整理、整顿尚有欠缺，现场存在很多问题点，原材料、在制品、完成品、待返修品和不良品放置区域未分清楚，随意放置，定置管理混乱，混料事件时有发生。

图 7-1　生产现场的混乱状况

3）大部分企业目视管理基础较差，目视管理不明确，缺乏标识或标识不明，寻找物品、资料浪费时间却还抱着无所谓的态度。有问题时也不能及时发现。

4）标准化管理做得不够，生产工作缺少标准化，作业标准不完善，也不执行，标准制定不合理，更严重的是有标准也不执行，标准形同虚设。

5）设备不干净整洁，维护保养机制不健全，设备无定期修理，故障较多，故障停机比较频繁，没有自主保全和计划保全，仅仅在出现故障时进行事后修理，且头疼医头，脚疼医脚，没有找出设备故障的根本原因，维修成本不断增加，维修时间较长。

6）厂区环境脏乱差，垃圾、烟头到处都是，认为环境与产品质量和效率无关。

7.1.2 生产运营与生产现场方面

1）生产指挥人员生产理念落后，没有形成以订单为中心的生产运作理念，拉动式生产没有开展。

2）生产统计与分析系统不完善，基础数据不全，难以有效评估企业生产系统的状况。

3）生产模式不合理，设备定置不合理，增加搬运距离和搬运量，造成中间在制品较大，占用了较大的资金和生产场地，无效搬运和整理作业增多，引起现场的混乱。

4）库存量大（图 7-2），掩盖了制造过程中的许多问题，生产中的问题不能及时暴露解决，同时也占用了较多的流动资金和库房空间。

5）面对交货期的不断调整，生产系统反应速度缓慢，造成交货延迟，且不反省自己，总是抱怨追加订单多，市场变化太快。

6）现场缺乏作业标准，员工作业不规范，随意性强，造成品质不良、设备出故障。

图 7-2　大量的库存

7）现场无标准作业管理的目视工具，管理混乱，现场物流管理缺乏标准，造成物流混乱。

还有……。

7.1.3　品质管理方面

1）品质保证体系不够健全，部品检查、制造过程检查、员工自主检查体系有待加强。

2）质量的过程控制能力较弱，人的控制能力较差，造成大量的质量成本损失。

3）品质的目视管理、品质工程诊断、缺陷预防管理、事后品质对策改善做得不够完善。

4）质量数据分析记录不完整，经常是有统计无分析，无法进行作业行为改善。

5）出现质量问题不去寻找其根本原因，仅靠全数检查来保证质量，检验人员的人数越来越多。

品质管理不到位，会造成成堆的不良品（图7-3）。

图 7-3　成堆的不良品

7.1.4　管理气氛及人员能力方面

1）基层管理者（车间主任和班组长）的素养和管理能力有待提高，管理技术需强化掌握，特别是发现问题、分析问题、解决问题、独自处理问题的能力。基层管理者技术能力强但管理能力弱，需要不断地进行先进管理理念的培训。

2）需要进一步营造改善的气氛，进行环境渲染，如：采用员工培训、标语口号等方法来改善环境，从员工素养提升入手，开展改善提案活动，从而使企业管理整体水平提升。

这些问题的存在使得某些企业处于市场竞争的不利地位，要想彻底改变这种现象，就应引进先进的管理方法，首先打好6S管理基础，然后在各行业都开展精益生产管理的推广活动。

7.2 精益生产基本知识

7.2.1 精益生产历史

早在20世纪初，美国福特汽车公司创立了第一条汽车生产流水线，大规模的生产流水线成为了现代工业生产的主要特征，广为流传。大规模生产方式以标准化、大批量、集中生产来降低生产成本，提高生产效率，适应了当时制造业的发展，适应了市场的需要。生产流水线的产生，带动和促进了的全球经济的发展，在生产技术以及生产管理史上具有极为重要的意义。

第二次世界大战以后，市场需求向多样化发展，客户的需求不再单一，相应地要求工业生产向多品种、小批量、短周期的方向发展，原来那种单品种、大批量的流水生产方式的弱点日渐明显。为了顺应这样多变的时代要求，由日本丰田汽车公司首创的精益生产，作为多品种、小批量混合生产条件下的高质量、低消耗进行生产的方式在实践中被摸索、创造出来了，并由此带动了全世界制造业的极大发展。

1950年，日本的丰田英二考察了美国底特律的福特公司的轿车厂，当时这家轿车厂是世界上最大而且效率最高的汽车制造厂，每天能生产7000辆轿车，比日本丰田公司一年的产量还要多。丰田英二对这个庞大且优秀的企业的每一个细微之处都做了审慎的考察，同时给出了理性的判断。他在写给丰田总部的报告中说："那里的生产体制还有些改进的可能"。

战后的日本经济萧条，缺少资源和资金，要如何建立日本的汽车工业呢？是照搬美国的大量生产方式，还是根据日本的国情，另谋出路，丰田公司选择了后者，开创了与美国不同的但适应市场的生产方式。

日本的社会和企业文化背景与美国是大不相同的，日本的家族观念、服从意识和团队精神突出，经济和技术基础与美国相距甚远。日本当时没有可能全面引进美国成套设备来生产汽车，而且日本当时所期望的生产量仅为美国的几十分之一，目标不高。"规模经济"法则在这里面临着考验。

丰田英二和大野耐一在丰田的生产现场进行了一系列的探索和实践，根据日本的市场变化的需求，提出了相应解决问题的措施。经过数十年的努力，终于形成了完整的丰田生产方式，使日本的汽车工业超过了美国。

丰田生产方式是日本工业竞争和发展的重要组成部分，它反映了日本在重复性生产过程中的管理思想，反映了适应市场要求的思维。丰田生产方式的指导思想是，通过全员参与，进行生产全过程整体优化，改进技术，理顺流程，杜绝过量生产，消除流程中每个环节的无效劳动与浪费，有效利用资源，降低成本，提升质量，达到用最少的投入实现最大产出的目的。

日本企业在国际市场上的成功，引起了全世界企业界的浓厚兴趣，企业研究学者认为，日本在生产过程中所采用的方式是其在世界市场中竞争的基础。20 世纪 80 年代以来，一些国家非常重视对丰田生产方式的研究，将丰田生产方式定义为精益生产，并将其应用于生产管理。首先推广应用在汽车行业，如美国的通用汽车，接着其他产业也认识到精益生产的重要性，开始实施精益生产。

精益生产既是一种以最大限度地减少企业生产所占用的资源和降低企业管理和运营成本为主要目标的生产方式，同时它又是一种理念，一种文化。

精益生产就是追求完美的生产历程，也是追求卓越的管理过程，它是支撑个人与企业生命的一种精神力量，也是在永无止境的学习过程中获得自我满足的一种境界。其目标是精益求精，尽善尽美，永无止境地追求七个零的终极目标。

精益生产的实质是过程管理，包括人事组织管理的优化，管理流程的优化，大力精简中间管理层，进行组织扁平化改革，减少非直接生产人员；推进生产均衡化、同步化，实现零库存与柔性生产；推行全生产过程（包括整个供应链）的质量保证体系，实现零不良；减少和降低每一个环节上的浪费，实现零浪费；最终实现拉动式准时化生产方式。

精益生产的特点是全员参与消除一切环节的浪费，追求精益求精和不断改善。要求去掉生产环节中一切无用的东西和流程，每个员工及其岗位的安排原则是必须增值，撤除一切不增值的岗位和不增值的动作。精简是它的核心，精简产品开发、设计、生产、物流、管理中一切不产生附加值的工作，旨在以最优品质、最低成本和最高效率对市场需求做出最迅速的响应。

7.2.2 精益生产方式的优越性及其意义

与大量生产方式相比，精益生产方式的优越性主要表现在：

1）所需人力资源，无论是在产品开发、生产系统、采购销售流程，还是企业的其他部门，与大量生产方式下的企业相比，都能大幅降低；

2）新产品开发周期，最低可减至原来的 1/2；

3）生产过程的在制品库存，最低可减至大量生产方式下一般水平的 1/5；

4）工厂占用空间，最低可减至采用大量生产方式下的 1/4；

5）成品库存，最低可减至大量生产方式下平均库存水平的 1/3；

6）产品质量，可大幅度提高。

精益生产方式彻底地追求生产的合理性、流畅性、高效性，能够灵活地适应各种市场需求的高质量产品的生产技术和管理技术，对制造业的发展具有积

第七章 6S 管理的深化——大力推进精益生产

极的推动意义。

7.2.3 精益生产管理方法上的特点

1. 准时化生产（JIT）（图 7-4）

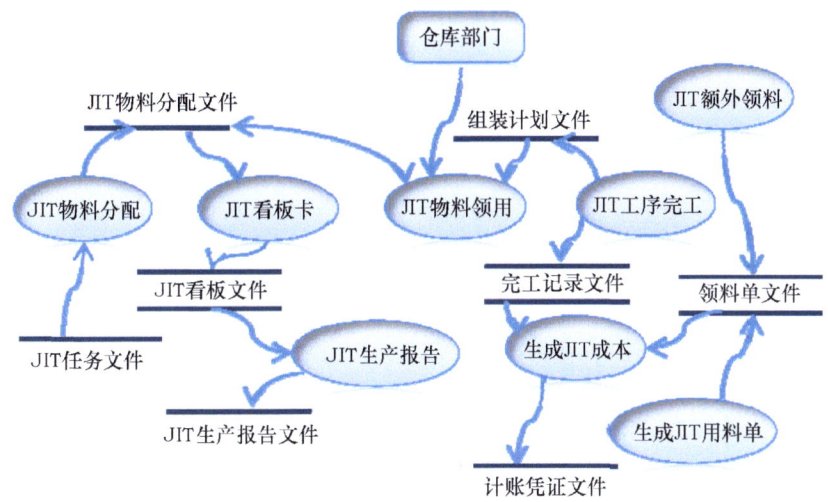

图 7-4　JIT 系统

1）以市场用户的需求为生产起点，与市场紧密相连。

2）强调物流平衡、物的流动顺畅，追求零库存，尽可能要求上一道工序加工完的零件立即可以进入下一道工序进行连续生产。

3）组织生产运行是依据看板进行的，即由看板传递工序间需求信息（看板的形式不限，关键在于能够传递信息）。

4）生产中的节拍可由人工干预、控制，保证生产中的物流平衡。

5）由于采用拉动式生产，生产中的计划与调度实质上是由各个生产单元自己完成的，生产过程中生产单元之间的协调是非常重要的。

2. 全面质量管理

1）强调产品质量是生产制造出来的，而非检验出来的，由过程管理来保证产品最终质量。

2）生产过程中对质量的检验与控制在每一道工序都进行，重在培养每位员工的质量意识，强调自检的重要性，保证及时发现生产过程中的质量问题。

3）如果在生产过程中发现质量问题，根据情况，可以立即停止生产，直至解决问题，从而保证不大量生产不合格品，同时不使不良品流动。

4）对于出现的质量问题，组织相关的技术、设备、管理人员与生产人员一起协作，尽快解决。

5）重视质量预防工作在生产过程中的运用。

3. 团队工作法

1）每位员工在工作中不仅是执行上级的命令，更重要的是积极主动地参与，起到辅助决策的作用。

2）组织团队的原则并不完全按行政区域来划分，而是主要根据工作业务的内容来划分。

3）团队成员强调一专多能，要求能够比较熟悉团队内其他工作人员的工作，保证工作协调顺利进行和问题的顺利解决。

4）团队人员工作业绩的评定要根据团队工作的效果来评价。

5）团队的组织是变动的，针对不同的现场问题，建立不同的团队，同一个人可能属于不同的问题团队。

4. 并行工程（图7-5）

1）在产品的设计开发阶段，将概念设计、结构设计、外观设计、工艺设计、最终需求等结合起来，保证以最快的速度按客户要求的质量完成。

2）每一项相关的工作由与此相关的项目小组完成。项目小组成员各自安排自身的工作，但要定期或及时反馈信息并对出现的问题协调解决。

3）使用适当的信息系统工具，及时反馈与协调整个项目的进行。利用现代技术，在产品的研制与开发期间，使项目进程并行化。

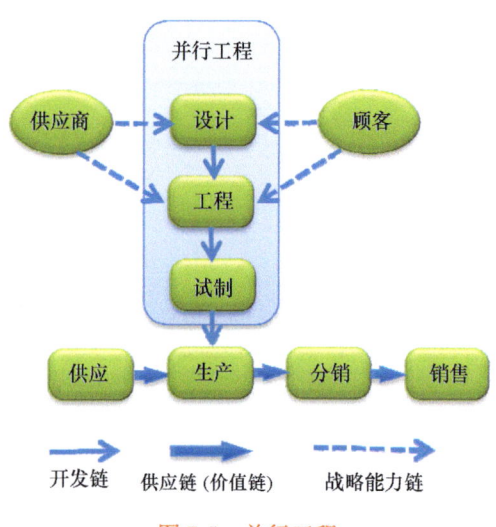

图7-5　并行工程

7.2.4　精益生产与大批量生产方式管理思想的比较

精益生产作为一种从过程到管理目标都是全新的管理思想，在众多企业实践中取得了成功，并非简单地应用了一两种新的管理技术和手段，而是一套系统的、与企业环境、文化以及管理方法高度融合的管理体系，因此精益生产本身就是一个完善的自我管理体系。

1. 优化范围不同

大批量生产方式源于美国，源于福特汽车公司，是基于当时的市场需求导向、美国的企业间关系，优化资源配置和追求效率化的现状。

精益生产方式则以市场需求变化为导向，以生产工序连续性为主线，组织密切相关的供应链，降低企业内外部协作中的交易成本，保证稳定需求与及时供应，以整个大生产系统为优化目标。

2. 对待库存的态度不同

大批量生产方式的库存管理强调"库存是必要的"，需要"合理的"库存。

精益生产方式的库存管理强调零库存，认为"库存是万恶之源"。

这可是本质区别呀！

精益生产方式将生产中的一切库存视为"浪费"，同时认为库存掩盖了生产系统中的缺陷与问题，使人们没有解决问题的紧迫感。精益生产一方面强调供应对生产的必要保证，同时另一方面强调对零库存的要求，从而不断暴露出生产过程中的矛盾并加以改进，不断降低库存以消灭库存产生的"浪费"。基于此，精益生产提出了"消灭一切浪费"的口号，追求零浪费的目标。

3. 工作协调观不同

传统的大批量生产方式的用人制度基于双方的"雇用"关系，工作管理中强调实现个人工作高效的细致分工原则，并以严格的管理稽核来促进与保证这一原则的执行，同时稽核管理还防止个人工作对企业产生的负效应。

精益生产源于日本，深受东方文化影响，在专业分工的同时更加强调相互协作及业务流程的精简，其核心是消灭工作全流程中的"浪费"。

4. 质量观不同

传统的生产方式将一定量的不良品看成生产过程中的必然结果，通过检查剔除过程中的不良品。

精益生产基于组织的分权与人的协作观点，认为让生产者自身保证产品质量是可行的，且不影响生产的连续性。其核心思想是，导致生产过程中的概率性质量问题产生的原因本身并非概率性的，可以通过消除产生质量问题的生产环节问题来消除生产不良品所带来的浪费，追求零不良。

5. 对人的态度不同

大批量生产方式强调管理中的严格层次关系，服从是绝对必要的。对员工的要求在于严格完成上级下达的生产、质量任务，人被看作附属于岗位的"设备"，强调的是执行。

精益生产则强调个人对生产过程的主动干预，尽可能发挥人的主观能动性，同时强调团队协调，对员工个人的评价也是基于长期的表现。这种方法更多地将员工视为企业团体的成员，更加人性化，强调充分发挥员工的主观能动性。

7.2.5 精益生产的要求和具体表现

精益生产的要求是：

1）实施精益生产的基础是通过6S活动的推广来提升现场管理水平，为精益生产活动的开展提供必要的准备。

2）采用准时化生产，即JIT生产系统，在顾客需要的时候，按顾客需要的量，提供需要的产品，满足顾客的动态需求。

3）将6西格玛（6σ）质量管理原则，贯彻于产品开发和生产全过程，全过程控制。

4）发挥员工的主观能动性，强调发挥团队的力量是精益企业的基本运行方式。要鼓励团队精神，打破企业各部门之间的壁垒，建立相互合作的工作关系。

5）运用目视管理。不仅是管理者，而且要让所有员工对现场的生产、设备、质量、成本等状况一目了然。信息充分交流、沟通，把所有的过程、问题都摆在桌面上，暴露出来，以便引起大家的重视，全力解决。

6）不断追求完美。企业管理理念和文化、员工的思想观念非常关键，即使永远达不到理想的完美，即使减少的浪费是微不足道的，进步的程度是点点滴滴的，也要不断前进追寻！

"零浪费"是精益生产的终极目标，是每一个从事精益生产的人努力的方向，具体表现在七个方面。

（1）"零"切换

将加工工序的品种切换（换模具、换刀具、换夹具等）与生产线的品种切换时间浪费降为"零"或接近为"零"。

（2）"零"库存

将每一步生产工序紧密相连、流水化，消除工序之间的产品库存，变市场预估生产为按订单同步生产，将产品库存降为零。库存是生产系统设计不合理、生产管理不到位、生产过程不协调、生产操作不良的具体表现。

（3）"零"浪费

消除多余制造、搬运、等待的浪费，实现零浪费。零件搬运是非增值操作过程，如果能使产品运送量减小、搬运次数减少，可以节约生产时间，减少生产中出现的问题。

（4）"零"不良

产品不良是生产制造出来的，不是检验员检出来的，应该分析各种引起不良的原因，在它产生的源头消除它，在生产过程中的每一工序都要求达到最好水平，要第一次就做好，追求零不良。

（5）"零"故障

全员做好设备日常的维护保养工作，消除设备的故障停机，实现零故障，参见图7-6。

第七章　6S管理的深化——大力推进精益生产

(6)"零"停滞

要求最大限度地压缩前置时间。为此要消除中间停滞,实现"零"停滞。采用短的生产前置时间与小批量相结合的系统,使市场应变能力增强,柔性好。

(7)"零"灾害

对人、工厂、产品全面进行安全预防检查,实行巡查制度,明确理解"安全第一,预防为主"的理念。

图7-6　确保设备零故障

7.3　如何在企业中实施精益生产

有一家民营企业生产小型汽油机,产品的市场前景一片喜人。然而,该厂不得不停止接新订单。究其原因,发现:其一,国内客户付款期拖长导致资金周转失灵,没钱购买原材料,没钱进行设备更新改造;其二,厂房空间有限和熟练工人大批流失致使产能难以及时跟上。这种现象在很多企业都存在。

在分析了企业的处境后老板认为,寻求国内或海外投资者可解燃眉之急,因为这样一来:增加流动资金,再多的订单也就不怕了,若有机会吸引到优质投资,有充足的资金条件扩充厂房、改造设备、增加人员,从而提高产能以及建立企业良好形象,吸引更多人才共同把企业做大做强。

不过,实际的融资操作并非一帆风顺,没有产业发展优势,投资者挑剔的眼光让融资需求难以短期内得以满足,这让老板一时也无计可施。

很多企业老板遭遇类似境况,都抱同一想法:如果我手头上有更多资本可支配,所有的问题就迎刃而解。但这真是解决问题的唯一最佳之道吗?

解决此类问题更为现实的方案应该是引入精益生产的先进管理模式,大幅提升生产空间,提高设备的综合利用率,缩短供货周期,突破传统思维,改善整个生产流程的设计,培养决策层及管理层的企业全局发展观念。

经过相关分析,了解到一台小型汽油机在进料—生产—出厂—售出的全过程中耗掉全厂员工的236个小时,效率极其低下,通过初步改善生产流程的某些环节,完全能将时间缩短一倍;如果全面实施精益生产,控制到100小时甚至更短时间的可能性也是非常大的。缩短一倍生产时间,意味着现金流压力将随之大力缓解,再进一步提升2倍生产能力,可节省本来用于扩建厂房的大笔资金,同时劳工短缺等棘手问题也可得以解决。假设一旦成立,完全可以不用这么迫切地寻求外来资金进入。

但精益生产不是随便挂在嘴边说说而已的,具体怎样令企业拥有一整套近乎完美的生产流程，训练全体员工培养"从一开始就把事情做对"的观念呢？

整个企业工人的受教育程度普遍较低，熟练的高级技工毕竟是凤毛麟角。一些工人，昨天还在田里种地，今天就来到了工厂做工。这是许多企业共同面临的问题，一时也不会有太大的转变。

要突出重围，领跑其他同行，用人策略是关键。管理层应多与一线员工和班组长沟通，具体了解工人和班组长们的工作、思想情况。根据不同情况安排培训，对忠诚度高的员工强化培训同时落实激励机制，对肯动脑提高生产力的员工提供支持并给予重奖，对积极配合提高生产效率的员工增加奖金收入，在重要生产线多储备多能工，以防熟手生病、请假、离职产生的"振荡"效应。另外改善工人的工作环境，严格贯彻安全管理规则，传递一种信息：公司关心每一位员工的安全和身体健康。从各方面唤醒员工的责任心，加强员工的归属感。优化配置人力资源，从一开始就用对人，同样是精益生产强调的理念。

精益生产是一种新的生产思维模式，是对传统生产方式的变革，它要求企业警惕生产流程中产生的"多余脂肪"，缩减不必要的生产环节，追求的是大幅提高生产效率和提升生产能力。更重要的是，在生产产品时，它要求企业时刻记住：为顾客生产更高价值的产品比仅仅生产好产品更重要。

精益生产通过减少、优化、重组生产流程和人力资源分配，设计有效物流方式和科学布局设备等手段达到减少中间库存和循环制造时间，消除过程中的非增值活动，达到提高生产循环效率及满足客户需求的目的。简单而言，这是相对于传统生产管理的另一思维全新的生产模式，致力消除生产全过程中浪费，大幅缩短生产时间。

图 7-7 所示的合理的摆放可以减少寻找的浪费。

精益管理思想的核心就是消灭一切浪费，在企业浪费很多，包括：不良品，超过需求的超量产品，闲置的产品库存，不必要的工序，人员的不必要调动，产品的不必要运输，各种等待等，致力于为顾客创造价值、增加价值。

例如，分类回收可以减少浪费（图7-8）。

图 7-7　合理的摆放减少寻找的浪费　　　　图 7-8　分类回收减少浪费

实行精益生产鼓励企业将问题扼杀在"摇篮"里,即在初始阶段要尽力挖掘问题并迅速最大化予以解决。

另外,精益生产强调在生产过程中应用防错法,减少人为错误的发生机会。

人为错误是影响产品质量的另一主因。举例,工人可能将一件不对称的零件放错方向,而利用精益生产,可以建议将零件设计成对称的形状,工人就不会再因放错方向而发生错误,而令工人没有出错的机会。

具体来讲,精益思想包含以下三个方面:

1)由顾客确定产品的价值结构:从顾客的角度而不是企业或者职能部门的角度来确定什么东西可以或不可以产生价值、价值有多少;由顾客需求拉动价值链,及时生产仅由顾客需求拉动的产品。

2)消除产品价值链中的浪费:按整个价值流确定设计、订购和生产产品中所有必需的步骤,消除非增值的浪费;不断消除各层次的浪费,追求尽善尽美。

3)变产品批量流动与等待为连续流动:创造无中断、无绕道、无回流、无等待或无废料的增值活动流。

很多企业的管理者都知道精益生产及其实践理论,却一实施就达不到预想的效果,也不能持续进行。调查发现,中国实施精益生产的企业,往往实施的仅仅是精益生产的那几个工具,如6S、TQM、TPM,等等,却忽略了精益生产的核心:尊重人性,持续改善。

很多企业领导也强调自己的企业一直在提倡持续改善,但效果甚微。在对这些企业进行仔细的企业诊断后,可以发现,成功实施精益生产的一些优秀企业里所拥有的持续改善支撑体系,在这些企业中并不存在,这就指出了精益生产实施流产的原因。根据众多成功的实践,可以知道,企业要成功实施精益生产,必须建立以下支撑体系。

7.3.1 优秀的人力资源(HR)管理体系

精益生产强调的是全员参与的持续改善,而非几个改善小组不停地做改善项目。在优秀的精益生产型企业里,改善提案最多的是基层员工和生产线的班组长。

在某日本企业,实施精益生产已经有十多年历史,并一直保持和精益生产创造者丰田公司的生产技术合作,在该企业2005年的近5万条获得采纳的改善提案里,有四分之三是生产线班组长和基层员工提出的,创造的价值累计占全部改善效果金额的85%左右。

在许多优秀企业里,可以发现很多人员管理方面共通的地方:

1. 良好的人员发展福利管理系统

在当今日益激烈竞争的市场环境中,企业的竞争最终反映在人才的竞争上。

很多企业，经常抱怨没有优秀的人才，或者优秀人才留不住。在优秀的精益企业里，共同的特点是建立了一套完善的人力资源管理系统，这套系统充分体现了将企业的员工作为企业发展之本的思想。这些优秀的 HR 系统的主要内容有：

1）完善的员工发展管理体系。精益生产的实施，需要企业上至总经理，下至普通员工的全体成员共同参与，而非只由几个改善小组来进行。要调动员工的参与积极性就需要让他们知道，当他们不断提升自己的时候，企业也会给他们机会，让他们与企业共同成长。

2）满意的福利待遇体系。在当今的中国独特环境里，由于工作是非终身制，并且员工都是来自全国各地，普遍存在如下心理：将自己定位为打工仔，当心理认为自己是打工仔后，他们会认为自己早晚是要离开这个企业的，所以努力不努力都变得无所谓了，认为老板招他们来只是干活，把手头活干及格就可以了。

在这样的思想状态下，员工极其容易因为一些小小的不满而离职；他们不害怕失去现有的工作；在他们眼里，找个工作只是花几天时间而已；他们对机会成本的概念模糊。另外，他们认为老板只是为了自己多赚钱，并不关心他们的去留，也不关心他们的成长，这样他们也认为自己理所当然无须做超出自己分内的改善活动了，因为他们认为即使为企业创造了利益，自己同样也不会得到相应的奖励，虽然有的企业有奖励措施，但这远远低于员工的期望。更加严重的是，很多员工认为老板并未把员工作为有社会需要和尊重的人来管理。

在优秀的精益企业，企业的完善的福利待遇完全可以改变员工的这些想法。在薪水方面，这些企业并不是高薪水的企业，但遵守当地法规，按照政府规定，给员工交纳相应的福利；除此，企业还在过年过节的时候，给员工发放一定的礼金；在员工生日的时候，也有各种不同的物质问候。企业可以根据自身的情况，制订一些符合自身的员工福利待遇体系，但有一点是肯定的，那就是必须让员工感受到这是一个福利待遇很好的企业，他们在这里感到安全，要记住，福利待遇好并非工资高。

2. 对员工的尊重

在这个全球竞争的时代，企业想要在竞争中生存下来，就需要运用员工的智慧、创造力、知识、能力。尊重员工，使员工拥有主人翁意识，就如同给企业穿上了金钟罩，使企业在波涛汹涌的竞争中立于不败之地。

虽然很多企业的高层也强调要尊重员工，但企业的实际行动往往背离了这样的原则，尊重员工仅仅停留在口头上。当员工认为他们不被尊重后，再好的福利待遇也不会改变他们的抵抗情绪。良好的尊重型企业应该是：

1）企业鼓励同事之间的尊重，禁止上级对下级过分责罚、责骂；禁止说脏话；提倡早上见面，见所有人都要问"早上好"；禁止会议争吵，鼓励数据说

第七章 6S 管理的深化——大力推进精益生产

话;当有不同意见时,禁止打击别人,而是要以事实来说服别人。

2)许多企业设置员工之家,能让员工感到受尊重。

3)企业积极尊重员工,并鼓励员工尊重企业。很多企业每年都进行一些公益活动,并让所有员工都有机会参加;企业尊重员工的个人隐私,尊重员工的业余生活,当员工在工作之余有困难时,企业提供帮助。

优秀的员工管理系统包含很多内容,要成功实施精益生产,企业要能够做到:

1)建立完善的员工发展计划并让员工了解公司如何履行这些计划;

2)建立良好的员工福利待遇体系,让员工感到满意;

3)给员工提供持续学习培训的机会;

4)给员工充分的尊重。

当有了这些完善的 HR 管理体系后,作为精益生产的参与个体——员工,就有了基本的参与积极性,这为精益生产的实施提供了最根本的人才保障。

7.3.2 完善的改善管理体系

这里说的改善管理体系,是指支持精益生产实施和持续改善的管理体系。

1. 完善的培训体系

实施精益生产,企业需要一个完善的培训体系来支撑人才的发展,使其符合精益生产实施的人才条件。优秀精益企业每年都制定系统的培训计划来满足对人才的要求,计划的培训内容有技能方面的、管理方面的和知识方面的。这些计划的实施有的是请外部咨询公司;有的是内部培训;有的是交流学习式培训。企业不担心员工在接受培训后离开,没有强制的措施来限制员工接受培训后必须为企业服务一定的年限,因为坚信对于优秀的企业,员工是不愿意离开的。

图 7-9 是某企业进行培训的现场。

有一个福布斯世界 500 强的美国公司,鼓励员工参与社会培训,如果员工取得培训合格的资格证明,培训费用公司予以承担,鼓励员工继续深造学习并承担相应的学习费用,并不要求员工承诺对公司的服务年限。

图 7-9 培训现场

2. 完善的改善支撑体系

在优秀的精益企业里,都有各种很好的改善支撑体系使公司改善得以持续进行。大多企业都有改善提案制度,在这个制度里,改善不分大小,只要通过上级审批，都会得到一定的改善报酬，如果被采纳实施，奖励会更多。

分级别的改善活动也长年不断，企业级的改善交流会一般半年到一年举行一次，将企业所有的改善汇总，选出优秀的改善成果，在改善大会上报告并颁发奖金。在这个交流会上，除了表彰优秀的改善活动外，还会有困难的改善活动提出来进行讨论，以便充分利用全体员工的智慧；在改善方面有心得的同事也会做一场精彩的演讲分享自己的经验。

图7-10是某企业进行改善讨论的现场。

注重小组改善体系。企业对小组改善提供尽可能的帮助，帮助小组完成改善，并使小组成员为自己的改善感到荣耀。要求小组必须一周进行一次改善会议，讨论改善的

图7-10　改善讨论现场

进展和当前的困难，如果需要的话，可以请求上级的支持。所有这些改善体系，都有相应的人员跟踪记录，并适时地表扬优秀小组，分享他们的经验。

有这样一个企业，每月在企业的大门更新一次本月的改善之星，将整个改善团队的成员照片张贴在白板上，选择的标准并不一定是改善的结果，也可以是改善工具的创新，也可以是优秀的团队合作精神，只要认为是好的，应该分享学习的，都可以成为改善之星被表扬。

当决定要实施精益生产后，企业可以在精益生产实施的同时开始完善上述的基础体系，给员工一个良好的信号。精益生产并非几个改善工具，而是涉及研发、制造、销售和物流以及供应商和客户的整个管理系统，建立一个良好的体系基础是精益生产成功实施的保证。

7.4　实施精益生产能够带来的收益

精益生产管理技术作为现代企业生产管理方法的代表，在有效实施和合理运用的前提下，能够给企业带来巨大的收益。

如果方法得当、贯彻到位的话，通过精益生产的实施与开展，至少可以帮助企业在以下三个方面达到预期的收益和获利目标。

7.4.1　组织文化收益

通过精益生产推进工作的开展，在企业内部会对企业文化理念予以强化和

深化：

1）强化精益求精的过程质量意识，而不是检查质量意识。很多企业以自己的质量好而自豪，但其背后的酸楚就是这种质量是靠大量的废品作为代价的，是靠全数的检验挑选出来的，并不是制造过程的有效控制，精益生产的目的是实现质量提高和废品下降双重目标。

2）精、细、严，精益生产讲求的是细节出效益，这对于某些人不求甚解的习惯是一个很好的改善，参见图7-11，就是一个细节管理的事例。

3）真正实现以顾客为关注焦点，很多企业认为交货延期是一种可以接受的行为，特别是当通过与客户沟通而让客户不因延期交货发怒时，企业的生产人员更把延期交货当成心安理得的事情了，通过精益生产可以改变这点。

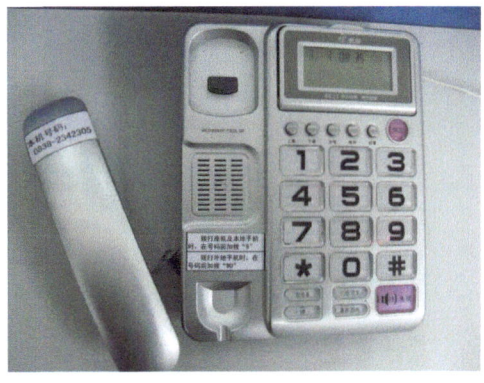

图7-11　细节的管理

7.4.2　经济效益收益

对于国内的很多制造型企业，通过精益生产推进工作的开展，至少应当在以下几个方面得到经济性的收益或改善：

1）质量损失降低。
2）库存降低。
3）生产效率提升，生产周期缩短。
4）设备故障停机率降低，维修成本下降。
5）员工和管理者综合能力提升。

7.4.3　员工素质收益

通过精益生产推进工作的开展，培训和选拔出更能推动企业发展与进步的人才，实现员工素质的提高：

1）提高整体员工精益求精的意识。
2）提高员工发现问题、分析问题、动手解决问题的能力。
3）提高员工对现代管理技术的掌握与运用能力。
4）提高员工的团队合作意识。
5）养成员工规范做事的良好习惯。

当然，这一工作的开展必然会遇到很大的阻力，关键是要通过培训改变员工观念、用细致和明确的标准确定对工作的要求、用适应的方式来推进精益生产、用最合适的人才来担当工作主力、用有效的激励形成强大的推动力，最后一点是企业各级领导的重视，缺乏以上任何一点，都将使工作的执行和收益大打折扣。

7.5 实施精益生产的一些关键问题

7.5.1 推行精益生产管理的关键点

企业要想很好地推行精益生产管理，有五项关键必须把握：

1) 目标明确：既要对最终达成的目标明确，也要对中间的过程目标明确，所以要明确制定各种标准，包括作业标准、考核标准等。

2) 改变观念：只有每个员工都改变原有的看待问题的观念、开展工作的方法，才能顺利推行精益生产。

3) 领导层支持：企业各级领导要充分重视，没有领导的重视、支持和参与是不可能推行下去的。

4) 人员到位：对于精益生产工作，要保证用人适宜。

5) 衔接得当：各部分内容要合理的衔接，避免造成基础不牢而下一步工作难以开展的状况，但同时也要避免浪费过多的时间而使最终结果是不了了之。

针对以上的五项关键，为了保证企业精益生产项目中扎实的基础和工作推进进度的同时实现，精益生产管理和流程再造可以采取交叉独立式的项目运作方式，既把前一部分工作作为后一部分工作的基础，同时后一部分工作的开展也是前一部分的巩固过程。

在开展每一部分工作时，首先要确立明确达到的目标，包括生产目标、质量目标和成本目标等。并对影响目标达成的各种行为性因素进行系统的分析，并且以优化生产作业系统、提升公司整体运作能力为根本出发点，而不是简单的定位于现场管理与改善。

如制作5S管理执行看板（图7-12），就是要有计划地开展工作。

看板是精益生产方式的可视部分，一方面需要有一套切合企业自己实际情况的现场管理办法；另一方面它需要被现场的全体作业人员掌握与实施。同时还要依据企业的具体情况，根据目标建

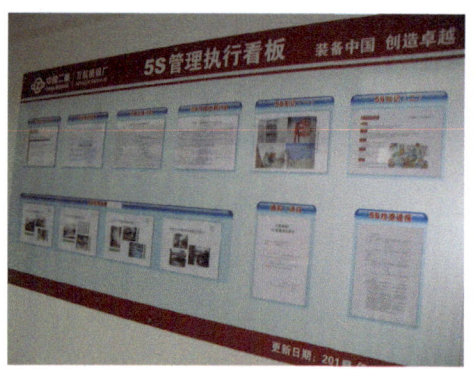

图7-12 5S管理执行看板

第七章　6S 管理的深化——大力推进精益生产

立相应辅助系统，完善现场品质管理和 TPM 设备维护，导入现场改善并细化各项管理工作。

7.5.2　精益生产与成本管理

精益生产最大的好处之一，在于其对成本降低的显著功效，企业应设立达到精益生产的成本控制管理（图 7-13）的目标。

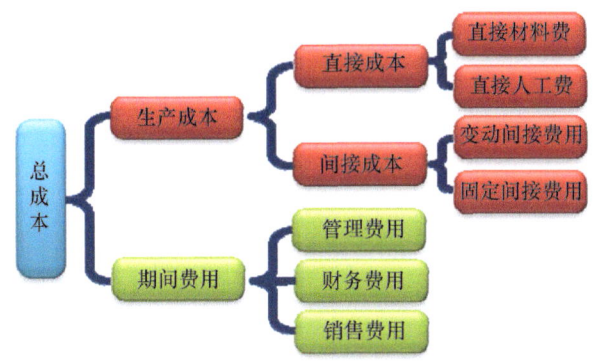

图 7-13　成本管理

在企业里存在的浪费很多，精益思想认为非增值作业就是无形成本的增加。

生产线上产品种类的切换、工序间不平衡、机器设备的故障造成的等待、缺料、生产计划安排不均衡使设备闲置等，以及生产中浪费的资源，都应该用预测生产的方法加以解决。生产控制得好的情况下，库存的、人力的浪费等都压缩到了一定极限，如果还想提高效率，减少浪费，就应该从预测生产的角度看生产流程上的浪费了。预测做得好，库存滞留量还有压缩可能，生产分配可以更合理。

所以，要千方百计挤干成本的水分。

企业成本控制的重要性是毋庸置疑的，如何系统地看待这样一个关乎生存与发展的大问题，也从侧面反映了企业经营管理层的系统化工作思路的成熟度和团队职业能力。企业中其实浪费随处可见，不增加效益的活动比比皆是，说到成本控制，很多人会想到用新材料、技术创新、工艺改进、设备改造等，而其实企业成本控制管理就是要节约每一分钱。

目前已被国际国内的很多企业证明的是：精益生产对于一个处于激烈的市场竞争态势中的企业是非常重要的。

精益生产也是当今企业面临的重要挑战，即企业要从简单的片面的看待管理问题到系统的全面的理解企业中的现象，同时树立起无限追求卓越的管理思想。精益生产管理是企业里众多管理环节中的重要一环，透过现象看本质，从局部到全面，只要无限的持续改进，不断变革创新，通过精益生产的推进，制造业的管理水平必将能够登上新的台阶！

当企业内部流程精简了，在制品大量减少了，不良品减少了，设备停机时间减少了，各种浪费没有了，规章制度遵守了，员工素质提升了，6S管理活动就会自然而然上升到一个新的高度！

要想6S管理活动全面、长期、持续、有效地开展，必须在企业开展精益生产管理活动，你还犹豫什么？

本章读后心得体会

参 考 文 献

[1] 大野耐一. 大野耐一的现场管理[M]. 崔柳, 等译. 北京: 机械工业出版社, 2011.
[2] 姚小凤. 生产现场精细化管理全案[M]. 2版. 北京: 人民邮电出版社, 2012.
[3] 越前行夫. 图解生产管理: 5S推进法[M]. 尹娜, 译. 北京: 东方出版社, 2011.
[4] 苏俊. 卓有成效的5S管理[M]. 广东: 广东经济出版社, 2008.
[5] 高庆华. 卓越6S管理实战手册 (图解版) [M]. 北京: 化学工业出版社, 2012.
[6] 孙少雄, 邱杰. 制造业6S精益管理[M]. 北京: 机械工业出版社, 2010.
[7] 滕宝红. 6S精益推行图解手册[M]. 北京: 人民邮电出版社, 2014.
[8] 姚水洪, 邹满群. 现场6S精益管理实务[M]. 北京: 化学工业出版社, 2013.
[9] 孙兵, 张晓明. 6S精益管理实用指南[M]. 北京: 国防工业出版社, 2012.